사랑하기 좋은 책

사랑하기 좋은 책

포개지고 번져가는 이야기들

김행숙 지음

난다

차례

작가의 말 7

어떤 시詩 9
나의 인어 할머니 10
사랑의 도서관 17
착해지지 않아도 돼 22
당신의 이상형 29
나는 그를 사랑했고 그도 때로는 나를 사랑했다 33
나르키소스의 교훈 39
생은 다른 곳에 43
내 안의 인어 55
인어공주의 우편배달부 59
시소와 그네 64
알고 보면 무시무시한 동화 67
연애편지를 쓰자 71
라르바투스 프로데오 83
그럼에도 불구하고 괜찮아 92
이 세상에 같은 사람은 없네 99

세이렌의 노래를 들어라 107

물고기의 침묵 113

눈물의 능력 116

인어공주에게 다리가 알려준 것 123

섹스와 사랑 126

팬티의 이데올로기 133

쉘 위 댄스(Shall we dance)? 139

삼각관계 안에서 일어난 일들 142

다리가 알려준 것, 두번째 152

미완성 교향악이 흐르는 156

너 빼고 모든 것이 있는 곳 158

공기와 에로스 165

어떤 시詩 2 168

'사랑의 도서관'에서 빌려온 책들 170

작가의 말

나는 왜 사랑을 이야기하기 위해 책 속으로 숨어들어야 했을까.
이런 나의 은신은 사랑을 말하기 어려워하는 자의 어쩔 수 없는 한계이자 도피 같은 것.
그러나 이것이 도피라면 더 깊이 빠져들라고,
이것이 도망이라면 더 힘껏 더 멀리 가보라고,
알 수 없는 목소리가 나를 이끌어주었다.

다른 아침에
다른 해변에서
사랑을 위해 사랑의 목소리를 잃어버린 인어아가씨에게 펜을 쥐여주고 싶었다.
만져지고 겹쳐지는 사랑의 이야기들을 쓰고 싶었다.

2016년 6월
김행숙

어떤 시詩

말에 음악을 입혔네, 음악에 말을 입혔지
한몸이 되어 흘렀어
모든 것이 가능해질 것 같았어
노랫말처럼 나는 네게로 흘러갔으면 좋겠어
잠 없이 꿈꾸다가 문득,
짧은 노랫말처럼 내가 멈추는 곳, 그곳은 어딜까
꿈에서 깨면 왜 슬플까
새는 깃털을 어디에 떨어뜨렸는지 모르지
여름날 누구의 부채 속에서 어떤 바람을 만들고 있는지 모르지
흘러갔다 돌아오지 못한 것들이 있었어
나는 내가 다른 곳에 있다고 생각해
나는 내가 다른 곳에서 흘러왔다고 생각해
생각에는 주인이 없지
문을 다 열어놓고 있었지

나의 인어 할머니

> 살아가는 동안, 지금은 지하에 잠들어 있는 이가 바로 얼마 전까지 쓰던 책상 앞에 앉아본 경험을 해보지 않은 사람이 어디 있을까? 또 오랜 세월이 지나서, 지금은 묘지의 평안 속에서 쉬고 있는 한 인간의 가슴속에 간직된 성스러운 비밀들을 담고 있는 서랍을 열어보는 경험을 해보지 않은 사람이 어디 있을까?
>
> —프리드리히 막스 뮐러, 『독일인의 사랑』

얼마 전에 나는 놀라운 사실 하나를 알게 되었다. 할머니가 어린 시절에 인어였다는 것이다. 당연히 나는 믿기 어려웠다. 내가 믿지 않아도 진실이 흐려지는 것은 아니라고, 할머니가 내게 보내는 마지막 눈빛은 속삭이고 있었다. 사랑은 사랑을 믿지 않는 내 마음 한구석에서도 다시 싹을 틔우고 꽃을 피울 거라고, 언제나 그렇게 내게 말했듯이 말이다.

그러나 이런 얘기는 입도 뻥끗하지 않았지만, 할머니의 인생이 무의식적으로 내게 가르친 것은 사랑은 조심하고 의심해야 한다는 것이었다. 사랑에 빠지면, 의문투성이인 연인만이 아니라 나도 나를 속일 수 있는 것이었다. 할머니 인생에는 세 명의 남편이 있었고, 남편들이 차례로 그녀를 떠나간 후로는 특별한 친구들이 있었다. 엄마의 아버지, 그러니까 내게는 외할아버지가 되는 남자는, 엄마의 말에 따르면, 구제불능의 바람둥이였다고 한다. '여자를 낚는 어부'가 그의 직업이었다는 것이다. 그것이 할머니가 인어였다는 사실에 다가가는 어떤 실마리라도 되는 건 물론 아니다. 그건 그냥 진부한 은유일 뿐이다.

그리고 다시 엄마의 말에 따르면, 할머니는 놀랍도록 천진하고 낙천적이고 이기적인 여자였다. "도대체 비극이라고는 모르는 여자였지."

그렇지만 내게 할머니는 사랑스럽고 유쾌한 노인이었다. 나는 신랄한 엄마하고 있을 때보다 유쾌한 할머니하고 있을 때가 훨씬 마음이 가볍고 좋았다. 내가 노인이 된다면 할머니처럼 늙었으면 좋겠다고 나는 항상 생각했다. 내가 좋아하는 할머니의 바로 그 점이 그러나 엄마의 인생을 비틀거리게 했을지도 모른다. 그리고 대를 이어 내 인생도 비틀거리게 하고 있다고 엄마는 속으로 생각하고 있는지도 모른다. 어쨌든 엄마가 내게 시니컬한 평론이라면 할머니는 농담으로 버무린 소설에 가깝다. 내가 오랫동안 흔들리고 있었다면 아마도 그 사이 어디쯤에서일 것이다.

엄마는 내게 현실, 현실을 외쳤고, 할머니는 동화 같은 이야기들 속으로 나를 멀리멀리 데려가곤 했는데…… 그런 할머니가 세상을 떠났다. 이제 정말 이야기 속으로 할머니는 돌아갔다. 인간 나이 98세였다. 그렇게 알려져 있으나, 그녀의 나이를 제대로 아는 사람은 이 세상에 아무도 없다. 그녀조차도 그녀의 나이를 헤아리지 못했을 것이다.

> 소풍은 짧았네
> 뜻밖의 사랑이 시작되자 인생은 짧지 않았네
> 나는 인생을 배우기 시작했는데
> 끝이 없었네

 이것은 할머니가 남긴 시다. 사람들은 잘 몰랐지만 할머니는 숨은 시인이었다.
 3월의 잔설殘雪같이 연약한 육체에 남아 있던 마지막 힘으로 할머니는 눈을 감았다. 그녀가 사랑했던 사람들을 햇빛과 함께 담았던 눈동자를 지하의 보물처럼 봉인하고서 영원한 잠에 들어간 할머니. 그 순간, 내 눈앞에 놀라운 광경이 펼쳐졌다.
 그녀의 쭈글쭈글하고 검버섯이 핀 피부 위로 비늘들이 돋기 시작했던 것이다. 그 무지갯빛 비늘들이 할머니의 죽은 몸을 반짝이게 했다. 불가능한 광경이었다. 그것은 슬픔 너머에서 펼쳐지는 미지의 풍경이었다.
 아, 놀라서 입이 벌어졌지만 무슨 말을 할 수 있겠는가.
 나의 인어 할머니, 안녕. 안녕……
 '안녕'은 작별 인사, 그리고 우리가 다시 만날 때 하는 첫인사가 될 것이다.

 할머니를 떠나보내고 우리에겐 마른 봄날이 계속되었다. 그리고 오늘 아침 실로 오랜만에 지붕을 두드리는 빗소리를 들으면서 엄마는 혼잣말같이 이렇게 중얼거리고 있었다. "누구나 어린 시절은 깊은 바닷속에 있지." 엄마는 지쳐 보였고 슬퍼 보였다.

인어의 손녀라면, 나는 무슨 말을 해야 할까.

"살아가는 동안, 지금은 지하에 잠들어 있는 이가 바로 얼마 전까지 쓰던 책상 앞에 앉아본 경험을 해보지 않은 사람이 어디 있을까?" 나는 글을 쓰기 시작했다. 내가 그토록 어려워했고 힘겨워했던 주제, 사랑에 대하여 나는 더듬거리며 글을 써보기로 했다.

옛 그리스의 어느 시인이 그랬다지. "용기에 있어서는 아레스(Ares, 전쟁의 신)도 에로스(Eros, 사랑의 신)에게는 상대가 안 된다"고.[1] 지금 내게도 도움을 주는 말이지만, 이 말에 진짜 어울리는 사람은 단연 우리 할머니일 것이다. 그녀의 에로스는 생물학적인 종種의 일반적인 법칙조차 넘어섰으니까.

서양 제국주의의 어두운 그림자가 무섭게 밀려들었던 19세기 말 동아시아에서는 한 지식인에 의해 놀라운 유토피아의 세계가

---

1) 사랑을 주제로 한 플라톤의 대화편 『향연』에서 젊은 비극 시인 아가톤이 했던 말이다. 연극 대회에서 우승한 아가톤은 친구들에게 향연을 베풀었는데, 앉은자리에서 한 사람씩 에로스를 찬미하는 일종의 연설을 돌아가며 하게 되었고, 나중에 이 이야기를 전해들은 플라톤이 그날의 흥미로웠던 사랑의 담론을 기록으로 남겼다. 어원상 '함께 마신다'는 뜻을 가진 '향연'은 그리스어로 '심포지엄'이라고 한다. 그 당시 그리스인들은 먹고 마시는 것이 육신을 즐겁게 하는 일이기도 하지만 정신에도 기쁨과 양식이 된다고 생각했다. 술과 함께 담소를 나누었으며, 진지한 토론이 이어지기도 하였다.

제안된 바 있었다. 사랑의 언어, 혁명의 언어로 쓰인 강유위康有爲(1858~1927)의 『대동서大同書』. 이 책이 제시하는 세상은, 온갖 경쟁과 투쟁을 낳고 키우는 배타적인 경계선들―국가, 계급, 인종, 가족, 직업, 성별, 생물종 등의 호전적인 구별 짓기가 사라진 대동 세계였다. "이는 전기가 통하고 공기가 어디에나 있는 것과 같다. 이 지구상에 살고 있는 야만인을 비롯하여 초목, 물고기, 곤충, 짐승 등 모든 태생胎生, 습생濕生, 난생卵生, 화생化生 따위의 온갖 것들도 내 눈과 귀에 접하면 서로 마음이 통하고 서로 사랑으로 끌어당기니 내 어찌 무관심할 수 있겠는가?" 생물종의 경계선이 사라져 그 차이가 사랑의 장벽이 되지 않는 대동 세상을 꿈꾸며 많은 인어들이 이 세계로 건너왔을 것이다. 그러나 이 세계의 실상은 수많은 경계들이 촘촘하여 그물과 같았으니, 그들은 신분을 숨긴 채로 그럼에도 불구하고, 사랑을 하고 노동을 하고 꿈을 꾸며 살아가고 있을 것이다.

　세상 사람들에게 널리 알려진 유명한 인어 이야기, 안데르센의 『인어공주』는 이 글을 읽고 있는 당신도 물론 잘 알고 있을 것이다. 불행하게도 이 전설적인 인어공주는 사랑을 얻기 위해 목소리를 잃어버렸다. 그녀의 아름다운 목소리는 깊은 바닷속 마녀의 것이 되어 불온하고 위험한 노래가 되었다. 그것이 세상에 떠도는 인어의 사랑 이야기다. 그러나 나의 인어 할머니는 생전에 유별난 이야기꾼이었고 수줍은 시인이었다. 할머니의 힘을 빌려, 나는 세상 사람들의 귀에 단 한 번도 들리지 않았던 인어공주의 목소리, 인어공주의 저 오래된 침묵 속으로 들어가보려고 한다.

사랑에 대해서라면, 목소리를 잃은 인어공주만이 아니라 한때는 사랑을 말하느라 목이 쉬기까지 했던 나도, 그리고 당신도, 말할 수 있었던 것보다 말할 수 없었던 것이 언제나 더 많았을 것이다. 우리는 이제 앞으로 어떤 이야기를 나누게 될까.

사랑의 도서관

　이제는 지나간 풍경에 속하는 연인의 방은 책들이 빽빽이 꽂혀 있는 책장으로 둘러싸여 있었다. 그 방에서 책의 숲에 둘러싸여 있으면, 이 세상에 마지막 남은 피난처를 찾아온 것 같은 기분이 들었던 시절이 있었다.
　이따금 사랑의 카드점을 치는 기분으로 책을 한 권씩 뽑아서 그림책처럼 페이지를 넘겨보곤 했다. 그러다가 내 책꽂이에도 꽂혀 있고, 또 내가 좋아하는 책을 발견하면 왠지 당신이 내게 더 가까운 영혼처럼 여겨지기도 했다. 사랑하는 사람이 읽는 책은 특별한 호기심을 불러일으킨다. 그것이 불투명한 연인의 마음 한 조각을 엿볼 수 있는 창문이 되어줄지도 모르니까 말이다. 당신이 접어놓은 페이지나 밑줄 친 문장, 그런 흔적들은 내게 당신의 영혼으로 건너가는, 허공에 걸린 흔들다리처럼 생각되었다. 언제 어디서 끊어질지 모르는 허술한 다리였다. 그렇지만 『젊은 베르테르의 슬픔』, 『안나 카레니나』에 대한 당신의 독후감이 궁금했고, 『위대한 개츠비』, 『존재의 세 가지 거짓말』, 『무엇을 할 것인가』에 대한 당신의 감상을 들어보고 싶었다. 그뿐 아니라, 사랑의 도서관이었던 그 방에서라면 『대동서』나 『열하일기』도, 『그리고 아무도 없었다』, 『자본론』, 『코스모스』, 『미래는 오래 지속된다』 같은 책들까지도 잔디에 놓은 불처럼 빠르고 자연스럽게 사랑의 담론으로 번져갔다.

언젠가는 꿈속에서, 지진이 난 듯 당신의 책장이 심하게 흔들리다가 쓰러졌다. 그 꿈속에서도 당신과 나는 잠들어 있었다. 책의 숲속에서 잠에 빠져 있는 연인들을 향해 우르르 책들이 쏟아져내리기 시작했고, 마침내 무덤을 이루었다. 나는 숨이 막혔고, 어떻게든 책의 더미를 헤치고 일어나고 싶었지만, 시체처럼 꼼짝할 수 없었다. 나는 꿈에서 달아나고 싶었지만, 악몽은 계속 우리를 누르고 있었다. 그날 새벽에 붉은 눈을 뜬 나는 잠든 당신 곁을 유령처럼 잠시 떠돌다가 어떤 흔적도 쪽지도 남기지 않고 당신의 방을 떠났다. 당신을 깨우지 않으려고 조심했지만, 어쩌면 당신은 이 모든 사태가 이제는 더이상 어쩔 수 없다는 듯이 다만 잠든 척하고 있었을지도 모른다.

당신의 빽빽한 책의 수풀 어디를 뒤져도 『인어공주』는 찾을 수 없었을 것이다. 동화책을 읽던 어린 시절은 이미 우리한테서 아득히 멀어진 시간이었으니까. 그러나 나는 당신과 함께 인어공주 이야기를 다시 읽어보자고, 그리고 나의 인어 할머니, 우리의 인어 할머니 이야기가 어디에 숨었는지 한번 찾아보자고 제안하고 싶어진

다. 오랫동안 떠올리지 않았는데 어쩐지 문득, 당신의 안부를 묻고 싶어진다. 그러나 이제 내가 들을 수 있는 것은 스쳐가는 바람이 전해주는 당신의 풍문뿐. 당신의 새로운 사랑에 건투와 행운을 빈다.

오늘도 갱년기의 호르몬 대혼란을 겪고 있는 엄마를 뒤로하고, 집에서 나와 오른쪽 첫번째 골목으로 꺾어져 50미터쯤, 그리고 다시 왼쪽 골목으로 70미터, 그렇게 몇 개의 골목을 끼고 돌면, 최근에 내 발길을 한참 머무르게 하는 아담한 도서관 건물 앞에 도착할 수 있다. 도서관 외벽에는 담쟁이덩굴이 미로처럼 피어오르고, 그 어지러운 길들은 봄날의 연둣빛으로 번지고 있다.

20분 정도의 호젓한 산책길 끝에 있는 이 도서관을 나는 '사랑의 도서관'이라고 부른다. 그렇게 이름 붙이게 된 것은 한편으로 내가 사랑에 대해 글을 쓰고 있었기 때문이지만, 더 그럴듯한 이유는 따로 있다. 이 도서관에서 내가 가장 좋아하는 한 작은 방에는 익명의 기증자가 푸른 용달차에 실어 보내왔다는 책장이 여섯 개 있는데, 이 방에서 책을 꺼내 뒤적이다보면 이 세상의 모든 책은 사랑의 책이라는 생각이 절로 든다. 사랑하기 좋은 책.

나는 이 책들이 인어 할머니가 남긴 유산이라는 상상을 즐겨 하곤 한다. 혹은, 명왕성처럼 떨어져 있는 우주의 연인들이 내가 사는 지상에 떨어뜨린 메시지라고 상상한다. 오늘도 이 방에서 책을 한 권 빌려서 나왔다.[1]

도서관 바깥으로 나오자, 노을에 물든 하늘색이 참 예뻤다. 생전에 나의 할머니는 사랑은 책에서 하는 것이 아니라 세상에서 하는 거라고 일침을 놓곤 했다. 그렇지만 책은 할머니가 인간 세상에서 가장 좋아했던 것 중의 하나였다는 것도, 내가 보고 있는 저 아름다운 하늘빛처럼 분명한 사실이다.

----

1) 이 글을 쓰는 동안 빌려보았던 도서 목록은 이 책의 맨 뒷장에 따로 적어놓았다. 이 목록 속의 책들은 참고 문헌 이상의 역할을 해주었으니, 내게는 사랑의 단상을 이어가게 해준 징검다리였으며 새로운 힘을 솟구치게 해준 지렛대였다.

착해지지 않아도 돼

"애야, 착하고 신앙심 깊은 아이가 되거라."
―그림형제, 「재투성이 아이」

아직 어떤 이야기도 시작되지 않은 갓난아이, 한스 크리스티안 안데르센(1805~1867)의 요람은 어느 귀족의 시신이 촛불에 둘러싸여 누웠던 관으로 만든 것이었다고 한다. 가난한 구두 수선공의 아들 안데르센, 배우가 되겠다는 꿈 이외에는 가진 것이 아무것도 없는 열네 살 소년 안데르센은 혈혈단신으로 고향을 떠나 아는 사람 하나 없는 코펜하겐의 극장가를 기웃거린다.

그런 안데르센이 순진하고 절박한 열정으로 코펜하겐 최고의 발레리나였던 샬 부인을 찾아가 자신의 재능을 한 번만 봐달라고 애원한다. "그래, 어떤 역할을 잘할 수 있겠니?" 발레리나는 가벼운 호기심으로 그에게 물었다. 과연 소년 안데르센이 선택한 역할은 무엇이었을까. 아직은 자신에게서 세상 사람들의 영혼을 울릴 아름다운 시와 동화가 흘러나오게 되리란 것을 꿈에도 알지 못했던 배우 지망생 안데르센을 사로잡고 있었던 인물은 과연 누굴까.

안데르센은 신데렐라라고 대답했다고 한다. 이 소년은 스스로를, 아직은 겨울잠에서 깨어나지 않은, 멋진 미래를 뜨거운 심장 밑에 품고 있는 '재투성이 아이'라고 상상했던 걸까. 그는 무거운 구두를 벗고 모자를 탬버린처럼 흔들며 춤추고 노래했다. "여기 보세요. 귀족도 없고 부자도 없어요. 이리 오세요. 고통도 없고 슬픔도 없어요." 안데르센의 자서전은 이 장면을 꽤 소상하게 재구성해냈다. 아름다운 발레리나는 그를 미친 사람 취급하며 내쫓았다.

그림형제가 들려주는 신데렐라 이야기는 '착한 아이'가 되라는 어머니의 유언으로부터 시작된다. 신데렐라가 부당한 구박을 견디며 재투성이 더러운 아이로 부엌의 화덕 옆을 자신의 잠자리로 불평 없이 받아들였던 것은 그녀가 착한 아이여야 했기 때문일 것이다. 그녀가 자기를 위한 시간을 따로 내어 얼굴을 씻고, 정성껏 빗질을 하여 금발머리를 찰랑찰랑 물결치게 하고, 깨끗이 세탁한 옷을 입지 않는 한, 자신이 예쁜 소녀라는 걸 알 길은 없다. 거기엔 '더러운 아이'가 손을 모으고 공손하게 서 있을 뿐이다. 그녀의 거울은 열패감과 부끄러움을 불러일으킨다. 이것이 '착한 아이가 되어야 한다'는 주문에 사로잡힌 그녀에게서 콤플렉스가 발견되는 이유다.

언제쯤 그녀는 재투성이의 얼굴을 씻고 세상으로 나오게 될까. 그녀에게는 무엇보다도 사랑의 용기가 필요할 것 같다. 먼저, 자신을 사랑하는 용기. 그리고 자신의 '쌩얼'을 당당히 드러내고 사랑하는 사람 앞에 설 용기. 화장의 마법이 사라진 시간에, 더러운 재투성이의 얼굴을 깨끗이 씻고.

> 착해지지 않아도 돼.
> 무릎으로 기어다니지 않아도 돼.
> 사막 건너 백 마일, 후회 따윈 없어.
> 몸속에 사는 부드러운 동물들.
> 사랑하는 것을 그냥 사랑하게 내버려두면 돼.
>
> ―메리 올리버, 「기러기」 중에서[1]

 안데르센이 깊은 바닷속에서 찾아낸 주인공 인어공주에게는 '착한 아이 콤플렉스' 같은 건 전혀 찾아볼 수 없다. 그녀의 유년을 이끄는 것은 '다른 세계'에 대한 동경이다. 열다섯 살 생일이 되면 드디어 바다 위의 세계를 자신의 눈으로 볼 수 있다. 이것이 그녀가 열다섯 살을 기다리는 이유다. 할머니와 언니들이 말해주었다. 그곳에서는 지상의 나무 사이를 날아다니는 물고기들이 노래를 하고, 눈으로 보기에도 아름다운 꽃들이 향기를 퍼뜨린다고. 여름 해변에는 꼬리 없는 귀여운 아이들이 즐겁게 물장구를 치며 놀고, 겨울이면 바다 위에는 다이아몬드처럼 반짝이는 거대한 빙산들이 떠다닌다고. 때때로 하늘에서는 파란 번개가 떨어진다고.
 드디어 고대하던 열다섯번째 생일날이 도래했다. 그토록 꿈꾸

---

1) 김연수의 장편 『네가 누구든 얼마나 외롭든』에서 읽고 접어두었던 시. 소설 제목이 이 시의 구절에서 왔다.

었던 미지의 세계 위로 그녀의 작은 머리를 내밀 수 있게 된 것이다. 그리고 그곳에서 다른 세계의 인간에게 홀딱 반하게 되자, 그녀는 도저히 다른 세계를 구경하는 걸로만 만족할 수 없게 된다. 우리의 인어공주는 다른 세계의 심장 속으로 정말이지 용감무쌍하게 나아간다.

그러나 아직은 부모의 사랑 속에서 자라야 할 아이들에게, 지금은 '엄마 – 아빠 – 아이'로 이루어진 사랑의 삼각형 안에서 장난감 병정과 바비 인형을 가지고 놀아야 할 시절을 살고 있는 아이들에게 안데르센은, 그렇지만 너희들은 아직 열다섯 살이 아니라는 말을 부드럽게 하고 싶었던 것일까. 어린이 책의 저자답게 안데르센은 『인어공주』의 후일담에 어린이들을 위해 건네는 듯 보이는 말을 슬쩍 흘려놓았다. 그것은 인어공주의 대책 없는 사랑의 모험에 경계심을 잔뜩 품을 세상의 부모들을 안심시키기 위한 말이었을지도 모른다. "착한 아이들만이 시련에 빠진 인어공주를 도울 수 있단다."

사랑하는 왕자님의 심장을 차마 찌를 수 없었던 인어공주. 그녀는 인어에게 허락된 3백 년의 삶과 안락한 가족의 품으로 되돌아갈 수 있는 단 한 번의 기회를 물거품으로 만들고 스스로 짠 바다 거품으로 홀연히 사라지는 편을 택한다. 그러나 사랑의 영혼을 얻기 위해 자신의 모든 것을 걸었던 공주의 순정이 헛된 것만은 아니어서 그녀는 눈물과 생각과 꿈을 가진 공기방울, 그리하여 불멸의 영혼을 향해 날아오르는 공기방울로 다시 태어나게 된다. 공기방울로서 3백 년 동안 좋은 일을 하면(이를테면 꽃향기를 실어나르는 바람의 일원이 되거나 하면), 그녀는 불멸의 영혼을 누릴 수 있다. 그리고 인센티브도 있다. 공기방울 벗들이 공주에게 귀띔해준, 능력자 공기방울의 비결, 그것은 안데르센이 아이들에게 넌지시 일러두는 말이기도 하다.

"부모님을 행복하게 하고 사랑받을 만한 아이를 우리가 찾아낼 때마다, 하느님은 우리의 시험 날짜를 줄여주시거든. 아이들은 우리가 자기 방에 날아드는 것을 알지 못하지만, 아이들에게 우리가 기쁨의 미소를 지으면, 하느님은 3백 년에서 1년을 줄여주신단다. 하지만 심술궂고 말 안 듣는 아이를 보면 우리는 슬픔의 눈물을 흘리고 눈물 한 방울을 흘릴 때마다 우리의 시험 기간은 하루씩 늘어나지." 공기방울 딸들의 계약에 따르면, 부모님에게 사랑받을 만한 3백 명의 아이는 인어공주의 꿈을 이루어줄 수 있는 것이다.

인어공주의 영혼을 위해서 나는 그 사랑스러운 3백 명의 아이 중 한 명이 되어 공기방울들이 기쁨의 무도회를 열게 하고 싶었을 것이다. "엇, 인어공주가 왔어!"라고 엄마가 말했다면, 잔뜩 찡그리고 있던 나는 그 순간 얼굴을 활짝 폈을 것이다. 내가 아직 이야기를 믿는 아이였을 때라면 말이다.

그러나 할머니는 내게 말했지. 아이들은 곧 열두 살이 될 거야. 그애들은 이야기가 아니라 진짜 사랑을 하고 싶어 하지. 물불 가리지 않는 사랑 때문에 부모님을 슬프게 했던 줄리엣은 열세 살이었고, 로미오는 열여섯 살이었다. 그리고 인어공주는 열다섯 살 생일날 바로 그 사랑의 화살에 치명적으로 깊이 찔렸다. 첫날밤을 후끈한 사랑가로 달구었던 성춘향과 이몽룡, 이 유명한 한국의 어린 연인들도 인어공주의 또래 친구들이다.

　내가 작은 여자아이였을 때, 저녁 9시면 텔레비전에서 이제 어린이는 잠자리에 들 시간이라고 뾰족한 시곗바늘로 이불을 가리키던 때, 가슴은 납작했고 은밀한 생리통의 존재도 까맣게 몰랐을 때, 그리고 나의 할머니가 인간세계로 나온 호기심 많은 인어들 중의 한 명이었다는 사실을 꿈에도 몰랐던 시절, 나는 인어공주 이야기를 무척이나 좋아하는 아이였다. 이 이야기는 재미있다기보다는 아름답다고 해야 하는 것이었다. 아름다웠고 슬펐다. 아름다워서 더 슬펐고, 슬퍼서 더 아름다웠다.
　낮과 밤이 섞이는 노을처럼 아름다움과 슬픔이 빚어내는 사랑의 빛을 좇아 소녀들은 상상의 나래를 편다. 노을의 시간이 지나고 캄캄한 밤이 찾아왔지만 소녀들은 날개 접는 법을 모르는 새처럼 계속, 계속 꿈을 꾸며 자랐을 것이다.

　　나는 아직 당신 못 만남. 당신은 미래에.
　　　　　　　　　　　　　—샤오루 궈, 『연인들을 위한 외국어 사전』

　깨어나지 않는 꿈은 꿈이 아니어서 언젠가는 그 꿈들을 비웃기도 하고 그리워도 하겠지만, 그때는 이미 그중에 많은 것들을 잃어버린 후일 것이다. 그러므로 오늘 저녁에 안데르센의 동화집을 펼치면, 작은 여자아이가 읽었던 그 이야기는 사뭇 다른 빛깔을 띠고 있으리라. 노란색의 화가 빈센트 반 고흐는 이렇게 말했다고 한다. "세상에, 정말 아름다웠다. 사람들이 내다버린 온갖 쓰레기는 안데르센 동화의 멋진 소재가 될 것이다. 오늘밤에는 분명 그 꿈을 꿀 것이다."

나는 오늘밤 꿈속에서는 그리운 인어 할머니를 만났으면 좋겠다.

당신의 이상형

> "나는 내가 만들어낸 것을 사랑했어.
> 나는 옷 한 벌을 만들고 그것과 사랑에 빠졌어.
> 그리고 애슐리가 나타났을 때
> 그에게 어울리거나 말거나 그 옷을 입게 했지.
> 나는 예쁜 옷을 사랑했을 뿐이야."
> —마가렛 미첼, 『바람과 함께 사라지다』

"가장 예쁜 수레국화 꽃잎처럼 파랗고 가장 깨끗한 유리처럼 맑은" 바닷속 유토피아에서 살아가는 여섯 명의 인어공주는 침몰한 배에서 주워온 기이한 인간의 물품들로 각자의 화단을 꾸민다. 인어공주들은 "사람들이 내다버린 온갖 쓰레기"들을 멋진 장식품으로 활용하여 자신의 미적 취향과 개성을 뽐냈다. 우리 이야기의 주인공인 막내 공주가 그 온갖 것들 중에서 자신의 화단으로 옮겨온 것은 오직 한 가지뿐이었는데, 바로 그것은 아름다운 소년의 대리석 조각상이었다.

막내 공주는 왕자를 사랑하기 전에 이미 하얀 대리석으로 만들어진 미소년을 사랑했고, 이로써 그녀는 왕자와 사랑에 빠질 충분한 준비를 마쳤던 것이다. 왕자는 영혼의 숨결과 붉은 피를 얻은 대리석 조각상에 다름아니었다.

아름다운 조각상과 사랑에 빠진 이야기로 가장 유명한 인물은 피그말리온이다. 고대 그리스의 유명한 작가들인 기원전 8세기의 헤시오도스와 기원전 6세기의 판다로스가 이 이야기를 전했고, 로마 최고 시인 오비디우스(BC 43~AD 17)도 『변신 이야기』를 통해 피그말리온의 사랑 이야기를 널리 퍼뜨렸다.

피그말리온은 세상의 모든 여성들에게 의심의 눈길을 보내는 유형의 남자다. 그는 자연의 결함을 가진 존재를 사랑할 수 없었다. 사랑에 관한 한, 그는 인간적인 결함이나 약점을 존재의 연약한 부분으로 껴안거나 뜨거운 감정으로 용해시킬 수가 결단코 없었던 까다로운 검열관이자 이상주의자였다. 그 자신이 완벽한 존재는 아니지만 사랑의 대상만큼은 완벽하게 순수해야 하는 것이었다. 좋게 말해 이상주의자라고 했지만, 실상은 순결 콤플렉스에 사로잡힌 수컷의 내면을 가진 인물이었다고 해도 그다지 지나친 말은 아니다. 그에게 있어서 소위 '사랑의 이상형'은 현실 속에서는 살아갈 수 없고 머릿속에서만 간신히 형상을 가질 수 있는 존재였다. 그에게 이상적인 여인은 스스로의 영혼을 끌어올린 플라톤적인 이데아의 세계에서 도출한 미美의 관념 같은 것이었다.

그는 사이프러스의 왕이면서 또한 뛰어난 화가였고 조각가였으므로 이 사랑의 모델을 예술 작품으로 구현했다. 자신의 예술 작품을 사랑했던 이 남자에게는 나르키소스의 영혼과 오타쿠의 열정이 느껴진다.

"피그말리온은 상아상에 입을 맞추면서 이 상아상이 입맞춤에 화답하기를 바랐다." 조각상에 키스를 퍼붓는 피그말리온의 격정적이고 변태적인 모습에는 왕자의 이마에 입맞추는 인어공주의 수줍은 그림자가 어른거린다. 열다섯 살 생일을 맞아 난생처음 바다 위로 얼굴을 내민 인어공주는 물에 빠진 왕자를 죽음에서 구하고 꿈꾸던 그 얼굴을 닿을 듯 가까이에서 쓸어보게 된다. "공주는 그가 자신의 조그만 정원에 세워둔 대리석상이랑 똑같이 생겼다고 생각했다. 공주는 그에게 다시 입맞추고 그가 살아나기를 바랐다."

피그말리온의 조각상은 비너스 여신의 도움으로 생명을 얻어 둘의 키스를 완성했는데[1], 열다섯 살 인어공주의 불가능한 사랑은 어디에서 도움을 받을 수 있을까? 그전에 잠깐, 여기서 우리가 그 숨은 뜻을 생각해봐야 할 것이 한 가지 있다. 피그말리온의 따뜻한 조각상은 자식을 낳을 수 없었다는 것!

나는 언젠가 당신에게 사랑의 이상형에 대해 물어본 적이 있을 것이다. 당신이 마음속에 그리는 이상형으로부터 나는 얼마나 동떨어져 있는가. 내가 궁금했던 것, 괴로웠던 것은 그런 것이 아니

---

1) "피그말리온의 입술에 닿는 상아 처녀의 입술에 온기가 도는 것 같았다. (……) 가슴을 더듬어보았다. 놀랍게도 그의 손끝에서 그렇게 딱딱하던 상아가 부드러워지기 시작했다. 흡사 태양의 열기에 부드러워져, 사람의 손끝에서 갖가지 모양이 빚어지는 휘메토스 산의 밀랍 같이 (……) 피그말리온이 상아 처녀에게 다시 입을 맞추자 상아 처녀는 이 입맞춤에 화답하면서 얼굴을 붉혔다."(오비디우스, 『변신 이야기』)

었을까. 나는 그때 살도 피도 영혼도 없는 그 텅 빈 '이미지'를 얼마나 질투했던가.

만약 그 '이미지'가 옷감이었다면, 부르카(burka)처럼[2] 나는 그 천으로 온몸을 감싸고 뜨거운 사랑의 모래바람 속에 서 있으려고 했을 것이다. "붉은 컵에 담은 물은 붉은 물이 되고 푸른 컵에 담은 물은 푸른 물이"(송승언, 「물의 감정」) 되듯이, 그 이미지에 내가 담길 수만 있다면, 그렇게 할 수만 있다면 적어도 그때만큼은 나는 나를 지워버리고 싶었을 것이다. 당신은 내가 누군지 알아보지도 못했겠지.

---

[2] 이슬람 여성들이 피부를 가리는 데 사용한 네 가지 베일 중에서 가장 보수적이고 철저한 형태다. 부르카(burka)는 눈을 포함해 전신을 가리는데, 눈 부위는 망사를 사용하고, 장갑을 끼기도 한다. 니캅(niqub)은 눈만 빼고 전신을 가린다. 차도르(chador)는 얼굴만 내놓고 전신을 가리는 겉옷이다. 히잡(hijab)은 얼굴만 내놓고 머리카락, 귀, 목, 어깨까지 두르는 두건이다.

나는 그를 사랑했고 그도 때로는 나를 사랑했다

"인간의 행복을 이루는 것이
어째서 하필이면 불행의 원천도 되어야 한단 말인가."
—괴테, 『젊은 베르테르의 슬픔』

안데르센은 인어공주가 사는 곳이 얼마나 깊은 바닷속인지를 다음과 같이 묘사한다. "그곳의 바다는 아주 깊어서 아무리 긴 닻줄도 바닥에 닿지 못한다. 바다 밑바닥에서 수면까지 올라오려면 교회 첨탑을 수없이 쌓아올려야 할 것이다." 이 깊이는 인어공주가 빠진 사랑의 깊이를 암시하며 동시에 그녀의 사랑을 가로막는 무시무시한 장벽의 높이, 그녀가 극복하거나 초월해야 하는 아득한 거리距離를 아름답게 은유한다.

이 겁 없는 인어 아가씨가 소망했던 사랑은 부모님을 행복하게 하는 사랑이 결코 아니었다. 그것은 오히려 부모를 배신해야만 하는 사랑이었다. 인어공주에게 왕자는 "아버지나 어머니보다 더 사랑하는 사람"이며, 그녀가 왕자에게 얻어야 하는 사랑도 그가 자신의 "아버지와 어머니를 잊어버리"게 될 만큼 유일하고 절대적인 것.

인어공주는 왕자에게 사랑을 받았지만, 충분한 사랑을 받지는 못했다. 인어공주에게 보여준 왕자의 일관된 태도는 널 많이 좋아 하지만 그래도 이 마음이 사랑은 아니라는 것이다. 그렇지만 인어 공주가 목숨을 담보로 그에게 받아내야 하는 사랑은 첫손가락에 꼽히지 못하면 모든 것을 한낱 물거품으로 만들어버리는 폭군 같 은 것이었다. 그 사랑 앞에서는 피를 나눈 부모나 형제자매도 마음 을 나눈 친구도 소파 밑으로 굴러가는 콩알처럼 작아진다. 우리의 인어공주는 바로 그런 사랑에 홀로 사로잡힌 것이다.

어느 젊은 시인은 이렇게 쓴다. "나는 너를 사랑해/ 내가 네게 명명한 폭력"(성동혁, 「6」). 이 구절을 인어공주의 상황에 옮겨놓는 다면, '나는 너를 사랑해/ 내가 내게 명명한 폭력'이라고 쓸 것이 다. 사랑의 신 비너스와 전쟁의 신 마르스의 아들답게 큐피드(에로 스)가 일으키는 사랑의 장난은 정말이지 장난이 아니다.[1] 그의 화 살은 사랑의 기쁨과 고통을 한몸으로 관통한다.

크기가 다르고 그 질이 다른 비대칭적인 사랑 때문에 괴로운 인 어공주는 밤마다 네루다의 시를 읊었을지도 모른다. 만약 그녀 가 파블로 네루다를 알았다면 말이다. "오늘밤 나는 제일 슬픈 구 절들을 쓸 수 있다/ 나는 그를 사랑했고 그도 때로는 나를 사랑했 다."(「오늘밤 나는 쓸 수 있다」)[2]

그렇지만 그녀가 그에게 듣고 싶은 노래는 비틀스의 "일주일에 8일만큼 사랑해드리겠어요, 일주일에 8일만큼 사랑해드리겠어요, 일주일에 8일만큼 사랑해드리겠어요"(〈Eight Days A Week〉)이었 을 텐데.

배고픔이나 갈증은 채울 수 있겠지만 사랑은 어딘가에 구멍을 가지고 있어서 어떤 식으로든 허전하기 마련이다. 바닥에 구멍이 난 항아리처럼 아무리 물을 부어도 그 사랑의 항아리는 채워지지 않는다. '일주일에 8일만큼' 넘치는 사랑도 '그/그녀'를 완전히 만족시키지는 못한다. 더, 더, 나를 사랑해달라고(혹은 더, 더, 더 당신을 사랑하노라고) 말하다가, 문득 정신 차리고 보면 어느새 구멍으로 빠져나간 자신을, 이제 내 사랑은 빈집이라고 중얼거리고 있는 자신을 발견하게 되는 것이다. 우리는 이 사랑의 구멍을 라캉의 개념으로 말해볼 수도 있을 것 같다. 라캉은 아무리 채워도 절대 채워지지 않는 욕망의 심연을 '오브제 프티 아(object petit a)'라고 명명했다.

----

1) 로마식 표기로는 큐피드, 그리스식 표기로는 에로스. 에로스의 태생에 대해서는 여러 가지 설이 있다. 플라톤의 「향연」에서만 보아도, 어떤 이(파이드로스)는 헤시오도스의 『신통기』를 인용하면서 태초에 카오스가 있었고 그다음에 생겨난 것이 에로스라고 하고, 또다른 이(소크라테스)는 아프로디테(로마식 표기로는 베누스, 영어식 이름은 비너스)의 출생을 경축하는 신들의 잔치가 열린 날 풍요의 신 포로스와 가난을 상징하는 페니아 사이에서 잉태되었다고 한다. 에로스는 아프로디테의 생일잔칫날 잉태되었고 또 그 본성상 아름다움을 쫓아다녔기에 너무나 아름다웠던 이 여신을 아들처럼 따르는 존재가 되었다는 것이다. 그 외에도 그리스 신화에서 에로스의 아버지로 거론되는 신들로는 제우스, 아레스(로마식 표기로는 마르스), 헤르메스가 있다. 에로스를 만든 이렇듯 다양한 부모들은 에로스의 복합적인 성격을 드러내준다고 하겠다.

2) 지금 인어공주는 네루다의 시를 자신의 처지에 맞춰 살짝 변형하고 있다. 눈치챘겠지만 네루다는 "나는 그녀를 사랑했고 그녀도 때로는 나를 사랑했다"고 썼다. 사랑의 노래나 인용구는 이렇게 언제든지 나의 상황으로 쉽게 전이된다.

시인 김수영은 이렇게 썼다. "욕망이여 입을 열어라 그 속에서/ 사랑을 발견하겠다."(「사랑의 변주곡」)

동화 속의 인어공주는 이 욕망의 심연을, 사랑의 구멍을 핑크빛 프러포즈와 멋진 결혼식으로 행복하게 메울 수 있을 거라 생각했다. 디즈니의 판타지는 인어공주에게 그녀가 꿈꾸던 행복한 엔딩을 선사했지만, 그러나 그 꿈의 결혼식 이후에도 삶은 계속된다. 꿈을 거칠게 흔들어 깨우는 그런 삶 말이다.

인어공주가 험난한 사랑의 여정에 올라 왕자님을 향해 그 첫발을 내디뎠을 때부터 그녀에게는 언제나 칼날 위를 걷는 것처럼 지독한 통증이 뒤따랐다. 그녀가 왕자님 곁으로 가기 위해, 유년의 바다를 맘껏 누비고 다니던 반짝거리는 물고기 꼬리를 기꺼이 내주고 사정사정하여 겨우 얻어낸 것이 극심한 발바닥 통증을 달고 사는 두 다리다. 너무나 아름답고 너무나 아픈 이 다리는 사랑의 심술궂은 조력자 바다 마녀의 작품이다. 인어공주는 두 다리를 얻기 위해 그녀가 가진 세상에서 가장 아름다운 목소리까지 대가로 지불해야 했다. 덕분에 바다 마녀는 가장 난폭하고 치명적인 세이렌(seiren)[3]이 되었을 것이고, 우리의 인어공주는 사랑받지 못하면서 사랑의 곁을 맴도는 일이 얼마나 아픈 일인지 내내 말도 못하고 몸으로 끙끙 앓았을 것이다. "슬픔의 파수꾼들처럼 유리창에 이마를 대고"(폴 엘뤼아르,「유리창에 이마를 대고」).

떠날까요 떠날까요

바람은 묻는데

그 여자는 창가에서

울고 있었다.

—최승자, 「사랑받지 못한 여자의 노래」 중에서

그녀가 발의 아픔을 잠시 잊을 수 있었다면, 그건 마음이 더 아팠기 때문이다. 왕자가 기쁨에 가득차서 다른 여자와의 결혼을 선언하고, 오, 잔인하게도 "너는 나를 그 누구보다도 좋아하니 내 행복은 필시 네게도 기쁨이 되겠지"라고 인어공주에게 순진한 얼굴로 말했을 때, 인어공주의 마음을 찢은 그 통증은 발의 통증을 눌렀을 것이다. 선상船上에서 이루어진 왕자의 약혼 파티에서 인어공주는 인간의 다리로 그 어느 때보다도 우아하게 인생의 마지막 춤을 춘다. "날카로운 칼이 여린 발을 저미는 것 같았지만 가슴이 훨씬 더 아팠으므로" 인어공주는 그 문제적 인간의 발을 잊고 있었다.

인어공주야, "사랑하는 사람을 가지지 말라. 미운 사람도 가지

---

3) 바다에서 세이렌의 아름다운 노랫소리에 홀리면 그 어떤 뱃사람도 다시는 살아 돌아오지 못했다고 한다. 물론 예외는 어디나 있는 법. 그리스의 영웅 오디세우스는 선원들의 귀를 밀랍으로 막아 그들이 세이렌의 목소리를 듣지 못하는 상태에서 정상적으로 배를 젓도록 하고, 자신은 돛대에 몸을 묶은 채 귀를 열고 세이렌의 매력에 혼미하게 취하면서도 세이렌의 위험으로부터는 벗어났다. 세이렌의 위험 영역을 무사히 빠져나간 배가 또하나 있는데, 그 배에는 가왕歌王 오르페우스가 타고 있어서 그의 천상의 노랫소리에 세이렌의 노래가 묻혔다는 이야기가 전해진다.

지 말라. 사랑하는 사람은 못 만나 괴롭고, 미운 사람은 만나서 괴롭다."(『법구경』) 이런 지혜의 말씀은 항상 뒤늦게 도착하는 법이다. 그리고 사랑에 빠지면 우리의 귀엔 그 누구의 말도 들리지 않는다.

나르키소스의 교훈

> 딴사람—참 좋은 말이다. 나는 이 말에 입을 맞춘다.
> ―김수영, 「생활의 극복—담뱃갑의 메모」

    인격적인 장애 증상의 한 가지를 가리키는 정신분석 용어로 사용되고, 흔히들 왕자병, 공주병으로 가볍게 번역하는 나르시시즘. 이 악명 높은 용어의 어원으로 잘 알려진 그리스 신화의 아름다운 소년, 나르키소스의 잘 알려지지 않은 괴로움에 대해 우리는 얘기를 좀 나눠봐야 할 것 같다. 자신의 아름다움에 빠져 황홀해하는 나르키소스가 아니라, 자신을 자신으로부터 떼어낼 수 없어서 고통스러워했던 바로 그 나르키소스에 대해서 말이다. 오비디우스의 『변신 이야기』를 펼치면,

    아름다운 나르키소스에게 구애를 하고 거절당한 많은 요정들 중에 한 명이 그를 향해 저주의 기도를 한다. "저희가 그를 사랑했듯이, 그 역시 누군가를 사랑하게 하소서. 하시되 이 사랑을 이룰 수 없게 하소서. 이로써 사랑의 아픔을 알게 하소서." 이 기도는 이상한 방식으로 이루어졌다. 나르키소스는 태초의 거울이라고

할 수 있는, 숲속의 맑은 샘에 비친 아름다운 영상을 사랑하게 되었다. 드디어 만질 수 있을 것같이 가까이 가면 끝내 달아나버리는 영상이었다.

그는 이 그림자를 물의 요정쯤으로 여겼고, 그것이 자신의 모습이라는 걸 처음엔 알아채지 못했다. 거울이라는 발명품이 없었으니, 나의 얼굴은 그 누구보다도 나 자신에게 가장 낯선 것이었다. 거울을 대신하는 타인의 눈을 통해서만 나의 얼굴은 비로소 햇빛 속에 나타나는 것, 그러므로 나의 얼굴은 타인에게는 소문처럼 널리 알려져 있으나 나에게는 비밀스러운 것. 나르키소스의 오해는 당연한 것이었다. 자신이 사랑하는 대상이 자신이라는 것을 그는 몰랐다. 그러나 그는 자신을 사랑하는 자, "그는 쫓는 동시에 쫓기고 있었다. 그는 격정으로 타오르는 동시에 태우고 있었다."

거울을 처음 마주한 어린아이가 거울 속의 얼굴이 자기 자신이라는 것을 서서히 자각하게 되듯이, 이 우주에서 최초의 거울을 마주한 나르키소스에게도 마침내 그런 앎이 찾아왔다. "나를 태우던 불길, 그 불을 지른 자가 바로 나였구나. 내게 넉넉한 것이 나를 가난하게 하는구나. 나를 내 몸에서 떨어지게 할 수 있다면 얼마나 좋으랴. 신들이시여, 내가 사랑하는 것을 내게서 떨어져나가게 하소서." 그는 저주처럼 결코 이룰 수 없는 사랑에 빠져 있었던 것이다.

나르키소스는 자기애自己愛의 쾌락이 아니라 불가능성의 고통을 겪다가, "하나가 죽으면 나머지 하나도 따라 죽어야 하는 운명" 속으로 사그라졌다. 나르키소스의 신화는, 사랑은 내 몸에서 떨어져 있는 바깥의 타자를 간절하게 요청한다는 것을 비극적으로 웅변한

다. "딴사람, 참 좋은 말이다."

나르키소스의 죽음은 블랑쇼의 다음과 같은 말에 절실함을 보탠다. "인간 존재는 인정받고자 하지 않으며 오히려 부인되기를 원한다. 인간 존재는 존재하기 위해서 자신에게 이의를 제기하고 때로 자신을 부인하기도 하는 타자를 향해 나아간다. (……) 타인만이 말을 가능하게 한다. 아니 말이 아니라 차라리 말을 하라는 간청. 말과 함께 거부될 수도 있고, 제대로 들리지 않을 수 있거나 받아들여지지도 못할 수 있는 간청."(「밝힐 수 없는 공동체」)

생은 다른 곳에

> "권투 선수가 나비를 사랑하듯,
> 가수가 침묵을 사랑하듯,
> 악한이 마을 처녀를 사랑하듯,
> 백정이 송아지의 겁먹은 눈을 사랑하듯,
> 번갯불이 조용한 전원의 집을 사랑하듯,
> 그녀를 사랑한다고……"
> ―밀란 쿤데라, 『생은 다른 곳에』

"손이 하는 일은/ 다른 손을 찾는 일이다"(이문재, 「손은 손을 찾는다」). 사랑에 빠진 손, 사랑을 찾는 손은 어둠을 더듬어 다른 손을 향해 나아가야 한다. 뭍을 떠난 배가 다른 세계로 나아가듯이. 혹은 머언 바다를 건너 드디어 낯선 세계에 이세 막 도착하듯이. "향단아, 그넷줄을 밀어라/ 머언 바다로 배를 내어 밀듯이"(서정주, 「추천사」).

"당신……, 당신이라는 말 참 좋지요, 그래서 불러봅니다"(허수경, 「혼자 가는 먼 집」). 인어 아가씨에게는 사랑이 다른 곳에 있었기 때문에 그녀의 '삶은 다른 곳에' 있었다. 그녀는 한 번 더 '다른 곳'

을 탄생시키고 싶었을 것이다. 내 손이 다른 손을 기어이 찾아내 둘이 손을 맞잡고 찾아가는 또다른 곳. "하나가 아닌 둘에서 시작되어 세계를 경험하게 될 때, 세계는 과연 무엇일까?"(알랭 바디우, 『사랑의 예찬』)

"생은 다른 곳에"는 랭보가 남긴 유명한 말이다. 이 말은 앙드레 브르통이 그의 '초현실주의 선언'에서 결론으로 인용했다. 1968년 5월에는 파리의 학생들이 이 말을 그들의 슬로건으로 삼아 소르본 대학교의 담벼락에다 낙서를 해놓곤 했다.

이것은 밀란 쿤데라가 소설 『생은 다른 곳에』의 서문을 쓸 때 첫 문단으로 삼았던 것이다. 내 삶을 바꾸고 "사랑을 재발명해야 한다"고 했던 랭보의 요구와 "세계를 개조해야 한다"고 했던 마르크스의 테마는 "생은 다른 곳에"라는 동일 슬로건을 공유할 수 있었다. 현대 프랑스의 지성 알랭 바디우는, 우리가 생각해봐야 할 모든 주제와 관련하여 철학적 요구에 부응하는 역할을 학자, 예술가, 혁명가, 그리고 연인에게서 찾았다. 그는 이 네 가지, 학자, 예술가, 혁명투사, 연인을 철학의 4대 조건이라고 일컫는다. 물론 지금 나의 관심을 끄는 것은 '연인'이다. 그의 책 『사랑 예찬』이 가장 좋아한 문장은 아르튀르 랭보의 시집 『지옥에서 보낸 한 철』에서 온 "사랑은 재발명되어야만 한다"였다.

그런 바디우가 이건 절대 사랑이 아니라고 말하는 것들이 있다. 이를테면 이렇게 말하는 광고들. "위험 없는 사랑을 당신에게!"

"사랑에 빠지지 않고서도 우리는 사랑할 수 있다!" 결혼정보회사나 연애 블로그에서 애용하는 문구들. 사랑보다 데이터를 신뢰하는 우리 시대의 어드바이스들. 사랑은 어쨌든 지극히 보수적이고 폐쇄적이고 이기적인 연인(나아가 가족) 공동체에 닻을 내리고 편히 쉬기도 하지만, 오래 쉬면 잠이 오게 마련이고, 사랑의 침대는 어느덧 사랑의 무덤으로 변해 있기 십상이다.

사랑은 생물체 같은 것이어서 어떤 식으로든 '활기活氣'가 있어야 한다. 사랑이 살아 있는 것일 때, 그것은 감정을 가지고 있어서 기쁘고, 우울하고, 다시 기쁘고, 다시 아프다. 그것은 생물학적인 체온과는 또다른 종류의 열에너지를 가지고 있어서 불처럼 뜨겁고, 1994년 4월 23일의 바람처럼 따뜻하고, 지하 동굴의 천장에서 떨어지는 물방울처럼 서늘하고, 심지어 북극의 얼음 바다처럼 차가워 우리를 깜짝 놀라게 한다. 그것은 회사 앞의 버스 정류장을 세상에서 가장 가슴 떨리는 장소로 돌변시킨다. 그것은 높은 파도처럼 거칠고, 낮은 잔디처럼 잔잔하고, 가슴에 박힌 바위처럼 고집스럽고, 마음에 흩날리는 꽃잎처럼 부드럽다. 그것은 걷고 달리고 날아오른다. 그것은 넘어지고 다치고 부서진다. 사랑의 운동이 정지한 것이 아니라면, 그것은 그것이 부서져도 아직 끝난 것이 아니다. 사랑은 시작을 향해서도, 끝을 향해서도 꿈틀거린다.

언젠가 나는 시에 이렇게 썼다. "사랑은 자꾸자꾸 답을 내놓지, 너를 사랑해/ 그리고 너를 미워해도 이야기는 계속된다"(「공진화 co-evolution하는 연인들」). 사랑은 운동이고 사건이다. 사랑은 체험이고 모험이고 실험이다.

바디우는 "사랑의 놀라움들"에 관해 성찰해보자고 권유한다. 그는 자신의 책 제목『사랑 예찬』이, 플라톤의 인용구처럼 "사랑에서 시작하지 않는 자는 철학이 무엇인지 결코 깨닫지 못할 것이다"라고 생각하는 한 철학자가 제안하는 바라고 밝혔다. 소크라테스는 "나는 평소에 사랑에 관해서밖에 아는 것이 없다고 말해왔으니"(플라톤,「향연」) 사랑을 오늘의 심포지엄 주제로 삼는 것을 반긴다고 말했다.

사랑이 "시작되는 그 순간의 황홀감"은 침침한 인생을 한순간 환히 비추는 빛 같은 것이라 할 만하지만, 사랑이 '지속'되는 중에 일어날 사건들을 결코 다 비추지 못한다. 눈이 멀 것 같은 그 사랑의 빛은 아직은 우리에게 그 무엇도 말하지 않는다. 사랑을 시작하는 연인들 앞에는 미지未知의 시간이 놓여 있다. 사랑을 "진리의 절차(procédure de vérité)", "어떤 형태의 진리가 구축되는 하나의 경험"이라고 주장하는 철학자 바디우에게 "사랑은 끈덕지게 이어지는 일종의 모험"이다. "최초에 선언된 바로 그 사랑도, 역시 '다시 선언'되어야" 한다. '재발명'되고, '재발명'되어야 한다. 우리는 결코 사랑으로부터 불확실성과 위험과 시련을 삭제할 수 없다. 그 모든 것들 속에서 사랑은 성장하고 변모한다.

"나는 다른 사람이 되었다." 이것은 마르케스가 말년에 쓴 소설『내 슬픈 창녀들의 추억』에 등장하는 어느 할아버지의 자기 발견이다. 돈을 주고 산 관계 이외에 사랑의 관계를 단 한 번도 겪어보지 못하고 아흔 살에 이른 한 노인이 자신의 그 낡고 늙은 몸을 뚫고서 이렇게 사랑을 선언한다. 그는 아흔 살에 존재와 삶의 재발명을 선언하고, 경험하고, 처음으로 글자를 배우는 아이처럼 배우고 있는 중이다. '나이'가 사랑의 적敵은 아닌 것 같다. 우리가 살아 있는 존재라면, 사랑의 가능성은 살아 있다. 우리가 아직 죽지 않은 존재라면, 사랑의 가능성, 배움의 가능성은 아직 죽지 않은 것이다. 그것은 사랑으로부터 우리가 죽을 때까지 안전하지 못하다는 말이기도 한다.

이제 어느 중국인 아가씨의 사례를 좀 들여다보자. 소개할 아가씨는 샤오루 궈의 소설 『연인들을 위한 외국어사전』에서 만나볼 수 있다. 23세 중국인 아가씨 Z(여권의 성명란에는 Zhuang Xiao Qiao라고 적혀 있고, 랭귀지 스쿨 강사에게는 미즈 좌-우-앙으로 불리며, 발음을 어려워하는 대부분의 영국인을 비롯한 외국인들에게 자신을 Z라고 소개하고 또 그렇게 불린다)는 요즘 세상을 제대로 살려면 영어를 해야 한다는 부모님 성화에 떠밀려 오직 『콘사이스 중영 사전Concise Chinese-English Dictionary』한 권을 손에 꼭 쥔 채 낯선 런던 땅에 떨어진다. 그녀의 1년간의 영국 체류기가 우리에게 일러주는 것 한 가지는 외국어를 습득하는 데 있어서, 그녀의 표현으로 하자면 다른 세계의 언어를 훔치는 데 관해서라면, 어학당 강사보다는 외국인 애인이 훨씬 낫다는 것이다.

그러나 더 중요한 것 한 가지는 서로에게 외계인에 가까운 두 사람이 사랑을 시작하고 지속하면서 그녀가 습득하는 언어의 특별함이다. 그것은 단순히 외국에서 의사소통을 하기 위한 글로벌한 도구를 획득하는 것에 그치지 않는다. 그녀가 매일 적는 단어장이

자 일기장의 서툰 영어는 사랑의 사건을 적고 있으므로 그녀만의 고유성과 비밀을 품고 있다. 그녀가 쓰는 영어 단어와 문장은 그녀의 엉킨 사랑을 담고 있으므로 사전과 문법으로 완전히 해독될 수 없다. 그녀는 사전에 없는 언어를 창조하고 있는 것이다.

어느 날 그녀는 아흔여덟 살의 한 중국 여인의 죽음과 함께 멸종 언어가 된 '누슈'에 관한 신문 기사를 보게 된다. 그리고 영어 공부로 환원되지 않는 자신의 영어 일기의 '누슈'적인 속성을 생각해보게 된다. 나는 그녀가 쓴 그날의 일기장을 여기에 그대로 펼쳐둘 것이다. 그전에 먼저, 그녀의 일기를 읽게 될 여러분에게 감히 주문하고자 한다. Z의 서툰 영어가 이 소설에서는 핵심이므로, 또한 그녀의 사랑에서도 본질적인 부분이므로, 번역자가 서툰 영어를 서툰 한국어로 옮기는 데 고심했다는 점을 각별히 주목해주길 바란다. 나는 소설을 읽는 내내 Z의 서툰 언어가 매우 적절할 뿐 아니라 매력적이라고까지 느꼈는데 그래서, 사랑의 언어는 본래 서툰 언어가 아닐까, 외국어가 사랑의 본질에 더 가까운 게 아닐까, 그런 생각을 자꾸만 하게 되었다.

말을 잃다―멸종 위기에 처한 종의 언어

그것은 갓 죽은 아흔여덟 살의 중국 여인에 관한 이야기다. 그녀는 여성 전용 언어인 누슈(nushu. 약 400년 전 중국 여성이 만든 선, 점, 쉼표, 곡선으로 이루어진 언어로, 남성들은 이해할 수 없는 여성들 간의 은밀한 이야기나 속내를 털어놓을 수 있는 도구로 사용되었다)의 마지막 사용자다. 400년 된 이 비밀 언어는 그들의 가장 내밀한 감정을 표현하기 위하여 중국 여성들이 사용했음. 신문은 더이상 그 비밀 암호를 말하는 여자들이 없기 때문에, 그녀의 죽음 이후 그 언어가 죽었음을 전한다.

나는 나만의 '누슈'를 창조하기 원한다. 어쩌면 내가 새로운 영어 어휘를 적기 위해 사용하는 이 공책이 '누슈'다. 그러면 나는 나만의 프라이버시를 갖는다. 당신은 내 몸, 나의 매일의 삶을 알지만 당신은 나의 '누슈'를 알지 못한다.

이것은 5월 어느 날의 일기인데, 이날 그녀는 '프라이버시'라는 단어를 그녀 안에서 재탄생시키고 있다. 그전에, 4월의 어느 날엔가 남자가 그녀에게 소리 높여 주장한 '프라이버시(사생활)' 때문에 그녀가 몹시 상처 입게 된 일이 있었다. 서양 남자가 지키고자 하는 '프라이버시'와 여기서 그녀가 새롭게 그녀 안에 품은 '프라이버시'의 차이를 그녀의 성경책 『콘사이스 중영 사전』은 조금도 설명해주지 못할 것이다. 그녀의 어휘 '프라이버시'는 '사적인 생활'을 가리키는 지시어라기보다는, 겉으로는 결코 투명하게 드러나지 않는 '사랑의 내면'을 에두르는 단어다.

남자는 말한다. 우리가 아무리 사랑하는 사이일지라도 서로의 '프라이버시'는 존중해야 하는 법이라고. 그의 '프라이버시'는 사랑의 영역 바깥에 독립적으로 떨어져 있으려고 한다. 그녀는 말한다. 우리가 아무리 사랑하는 사이일지라도, 서로의 몸을 구석구석 알고 서로의 생활을 속속들이 알지라도, 그럼에도 불구하고 함께 사랑을 나누는 침대에서 서로가 누리는 쾌락이 어떤 것인지를 우리는 모르고, 함께 잠든 침대에서 서로가 어떤 꿈을 꾸는지를 우리는 도저히 알 길이 없고, 같은 창문에서 같은 풍경을 바라보면서 서로가 하는 생각을 우리는 끝내 알 수 없으므로, 당신은 나의, 나는 당신의 '프라이버시'를 알 수 없어요. 그녀의 '프라이버시'는 사랑의 가장 깊은 안쪽에 자리잡고 있다.

"비밀이 없다는 것은 재산 없는 것처럼 가난"한 일이라고 했던 작가 이상李箱이라면, 어느 후배 소설가가 '밀당'을 일찍이 현대 소설에 끌어들인 선구자로 지목했던 바로 그 이상이라면,[1] 이 두 개의 '프라이버시', 남자의 것과 그녀의 것 중에서 어느 쪽 비밀의 화원을 가꾸는 데 더 마음을 썼을까.

여기서 내가 말하고 싶은 것은 그와 그녀의 차이 그 자체에 대한 것이 아니다. 그와 그녀의 차이는 애초에 분명하다. 그녀는 오른쪽에서 자전거를 타야 하는 나라에서 살았고, 그는 언제나 왼쪽에서 자전거를 타는 나라의 사람이다. 그녀의 고향에서는 광활한 들판에 한 가지 식물, 벼만 키우는데, 그는 10제곱미터 정원에 열여섯 가지 다른 식물을 키우는 남자다. 그녀는 스물셋이 되도록 자위조차 해본 적이 없고 사랑으로 영원한 가정을 함께 만들어갈 단 한 사람에게 헌신하는 방식으로만 섹스를 생각해온 여자였는데,

---

[1] 언젠가 소설가 김연수는 현대 연애(modern love)의 관점에서 이상의 모더니즘을 바라보면 어떻겠냐고 하면서, "밀당 없는 현대 연애는 앙꼬 없는 찐빵", "이상은 일찍이 '밀당'을 소설에 끌어들인 선구자"라고 유머러스하게 이상 소설의 개성을 콕 집었던 적이 있다. (김연수, 『소설가의 일』)

그는 섹스 경험이 풍부한 양성애자이며 가족과 아이를 절대 만들지 않겠다는 신념을 가진 남자다. 그녀는 미래를 위한 현재만이 의미 있는 것이라고 생각해왔고, 그는 미래 없이 현재를 소박하게 누리는 것이 진정 인생을 사랑하는 법이라고 여긴다. 그녀는 도시를 좋아하고, 그는 시골을 좋아한다. 그녀는 스물세 살이고, 그는 마흔네 살이다. (……) 그와 그녀의 대조적인 면모를 살피자면 한이 없을 것 같다.[2]

이 두 사람이 사랑을 한다. 그리고 사랑의 시간 속에서 차이는 양적으로 좁혀진다기보다 어떤 질적인 변모를 겪는다. 차이가 없어지는 것이 아니라 차이가 미묘하게 변하는 것이다. 사랑이 미묘한 것인 만큼 이 변화도 미묘하다. 이러한 차이의 변이 과정에서 그녀는 그녀만의 '프라이버시'라는 단어를 찾아내게 되는 것이다.

1년 전, 베이징에서 런던으로 가는 비행기 안에서 그녀는 이렇게 적었다. "나는 아직 당신 못 만남. 당신은 미래에." 그녀는 혼자서 베이징에서 런던으로 가는 중이다. 1년 후, 런던에서 베이징으로 돌아가는 그녀도 혼자다. 두 사람은 결국 결별을 택했다. 그러나 그녀는 이렇게 쓰고 있다. "열세 시간 뒤, 우리는 베이징에 도착한다." 아니, 왜 '우리'인가?

베이징에 도착한 그녀는 "1년 전과 같은 Z가 아니"기 때문이다.

....
[2] 나는 이 차이를 결코 '화성에서 온 남자/금성에서 온 여자', '포르노 보는 남자/로맨스 읽는 여자' 등등의 문구가 드러내고자 하는 성차性差의 구별로 축약하거나 환원하고 싶지 않다.

이제 "그녀는 결코 같은 방식으로 세상을 바라보지 않을 것"이기 때문이다. 다시 말해, 그녀는 다른 사람이 되었다. 둘이 함께 사랑을 나누고 만들던 그 무대의 막이 내리고, 이제는 제각각 서로 "다른 행성"에서 더는 겹치는 일 없이 살아가게 되었다 해도, 그들이 했던 그 사랑은 새로운 삶의 분자分子로서 각자의 다른 삶 속에 이미 당도해 있는 것이다. 그 사랑 이전과 이후가 결코 같을 수 없다면 말이다.

Z가 그렇듯이, '나'는 '우리'다. 그 속사정을 좀 들여다보자면, 그 우리 '사이'는 복잡하고, 이런저런 말썽도 적지 않고, 서로를 자주 오해하기도 한다. 그러나 내가 우리가 아니라면, 나는 더이상 내가 아닐 것이다.

중국인 아가씨 Z는 사랑을 시작하고 지속하면서 글쓰기를 끈덕지게 했다. 그녀는 사랑을 함으로써 자신의 언어를 새롭게 만들었다. 그녀의 러브 스토리는 "빨간 장미 때문에 피를 흘리는 나이팅게일처럼, 상처받고, 상처받고, 상처받았다"고 하는 이별로 끝나지만, 사랑의 재발명, 삶의 재발명, 언어의 재발명으로 반짝반짝 빛난다.

아, 그런데 왜 인어공주는 글을 배우지 않았을까. 잃어버린 목소리를 보충할 문자를 그녀는 그 누구보다도 원하지 않았을까. 그녀는 정말정말 글을 배우고 싶었을 것이다. 남자와 여자가 만나듯 자음과 모음이 만나 소리가 되고, 단어가 되고, 문장이 되는, 인간의 이 놀라운 발명품을 그녀가 사용할 수 있었다면, 과연 인어공주의 운명은 어떻게 되었을까. 나는 인어공주에게 펜을 쥐라고 유혹할 작정이다. 매일같이 서툴고 서툰 사랑의 문법으로 일기를 쓰고, 그리고 어느 날 용기를 내어 사랑하는 이에게 편지를 띄우고 사랑하는 이의 편지를 기다리며 창문 너머 밤바다를 오래오래 바라보라고 권해볼 생각이다.

그녀 자신의 이야기를 책상에서 쓰고, 산책을 하면서 쓰고, 삶을 살면서 쓰라고. 삶의 길은 사방이 꽉 막힌 성곽 바깥으로 다채롭게 뻗어 있다고, 세상의 길들은 미지未知의 모퉁이들을 품고 끝모를 어디론가로 구불구불 이어지고 있다고, 나는 그녀의 마음속으로 들어가 호소할 것이다.

> 할 수만 있다면 시인이 되세요
> 하지만 시인 안에는 일곱 사람이 있어야 해요
> 대리석 마을을 짓는 사람,
> 꿈을 꾸도록 태어난 사람,
> 하늘의 지도를 그리고 하늘을 아는 사람,
> 언어의 부름을 받는 사람,
> 자신의 영혼을 책임지는 사람,
> 쥐의 간을 해부하는 사람
> 둘은 담대하고 넷은 슬기로우니
> 당신 자신이 일곱번째여야 해요
>
> ─아틸라 요제프, 「일곱번째 사람」 중에서

내 안의 인어

> 우리는 물고기가 땅으로 올라온 사건을 살펴볼 것이다.
> 이것은 생명의 역사에서 대단한 전이로 기록되는 일이다.
> ―닐 슈빈, 『내 안의 물고기』

    내가 인어의 자손이라는 것은 생물학도 지지하는 바다. 고생물학자 닐 슈빈의 『내 안의 물고기』라는 책은 물고기가 땅으로 올라온 사건을 흥미진진하게 복원한다. 북위 80도쯤에 위치한 앨스미어 섬의 3억 7500만 년 된 바위에서 발견한 화석 물고기 '틱타알릭'은 아가미와 비늘을 가지고 있으면서 동시에 목과 어깨, 팔, 손을 가진 물고기, 추정컨대 팔굽혀펴기를 20회 정도는 할 수 있는 녀석이었다. 바위에서 발견된 이 녀석은 까마득하게 오래된 인어였던 것이다. 이 사실이 2006년 과학계와 세상에 알려지자 틱타알릭은 '진화의 잃어버린 고리(missing link)'로 대단한 주목을 받았다. 물속에 사는 물고기한테서는 찾아볼 수 없지만 인간한테는 종종 나타나는 딸꾹질, 탈장, 수면 무호흡, 이 모든 증상은 인간의 머나먼 선조가 땅에 올라온 물고기였다는 진화의 흔적이라고 한다.

    호감 가는 이성 앞에만 서면 딸꾹질을 하던 대학 선배가 있었는데, 그는 자신의 딸꾹질에 당황해서 변변한 말 한마디 제대로 못 했다. 선배는 머리를 쥐어뜯으며 연애 실패담을 자기 몸에 씌워진 저주와도 같은 딸꾹질 탓으로 돌렸지만, 그의 연애사를 추적하면 그 문제의 딸꾹질을 좋아했던 여자들을 의외로 쉽게 찾을 수 있다. 그녀들은 '능숙함'이 아닌 '서툼'을 사랑의 증거로 읽어내고 이를 '사랑스럽게' 받아들였던 것이다. 사랑의 훼방꾼은 사랑의 메신저가 되기도 하는 법. 다리까지 갖추어 해변에 올라온 인어공주가 어리둥절한 얼굴로 '딸꾹, 이건 뭐지?', 그렇게 난생 첫 딸꾹질을 하고 있었다고 상상해보면, 어쩐지 그녀가 더 사랑스럽게 느껴지지 않는가.

'팔굽혀펴기를 하는 물고기' 틱타알릭처럼, 다리가 없었던 시절의 인어공주에게도 손은 있었다. 손, 그것은 특별하다. 의과대 해부학 실험실에서 닐 슈빈 박사가 토로했듯이, 콩팥이나 쓸개를 대하는 감정과 손을 대하는 감정이 같을 순 없다. 누군가의 손, 그것은 누군가의 인생을 떠올리게 한다. 저 손으로 무슨 일을 했을까. 무엇을 만졌을 때, 누구를 만졌을 때 저 손이 가장 행복했을까. 언제 저 손이 쓸쓸해졌을까. 어느 시인은 이렇게 대답했다. "사랑한다고 너의 손을 잡을 때/ 열 손가락에 걸리는 존재의 쓸쓸함"(최승자, 「사랑하는 손」). '사랑하는 손'은 행복과 쓸쓸함을 동시에 만졌던 것이다.

대부분의 사람들이 인어공주 이야기에서 서사적으로 주목하는 인체 부위는 단연 '다리'다. 다리의 발생과 함께 인어공주의 육상

러브 스토리가 진행되니까 말이다. 그러나 물고기 꼬리로 자유롭게 바닷속을 누비고 이따금 수면으로 호기심에 가득한 얼굴을 내밀던 시절의 그녀, 죽음의 위험까지 무릅쓰고 터부시되던 마녀의 구역을 찾아가 자신이 원하던 다리를 기어이 얻어냈던 그녀, 그때의 자연스러움과 생명력, 모험심, 용기 같은 것을 그녀가 육상으로 올라온 이후에는 불행히도 찾아볼 수가 없다.

단 한 명의 남성만을 바라보면서 지상의 중력에 짓눌려 있는 그녀는 점점 더 서글픈 존재로 변해간다. "아무리 소풍을 동경하는 어린애라도 미아가 된 순간에는 엉엉 우는 법"(아베 코보, 『모래의 여자』). 바로 그녀가 그런 어린아이의 꼴이었던 것이다. 게다가 인어였던 그녀는 눈물조차 가지고 있지 않아서 울 수도 없었기 때문에, 다만 슬픈 미소를 희미하게 짓고 있을 뿐이었다.

왕자는 도대체 이 미소를 어떻게 해석했을까. 그녀는 타인의 해석에 뭐라 대꾸할 언어도 가지지 않았으니, 왕자는 자신의 판타지 안에서 자족할 수 있었을 것이다. 오, 가엾은 소녀여, 아름다운 미소 속에 애수를 품은 고아 소녀여, 착한 오라비처럼 내가 너를 보호해줄게.

그녀는 밤마다 아픈 다리를 하염없이 주물렀을 것이다. 그러나 그녀의 손으로 할 수 있는 일이란 것이 고작 자신의 아름다운 머리칼을 빗고 다리를 주무르는 일뿐이었을까. 안데르센이 상상했듯이 그녀의 손은 그런 운명을 따랐을 수도 있었지만, 그녀의 손은 어느 날 펜을 쥐고 역사적인 첫 문장을 완성하게 된다. 수레국화 꽃잎처럼 파란 잉크를 따라 흘러나온 글자들이 물풀처럼 흔들리고 있었다.

그녀는 자신이 쓴 첫 문장에 마침표를 찍고, 어린 시절의 그녀가 종종 그랬듯이 깊은 사색에 빠졌다. 그녀는 '마침표'의 세계에서 바닥없는 '물음표'의 세계 속으로 잠수해 나아갔던 것이다. 그리하여 나는 인어공주가 쓴 '두 개의 문장'을 배달할 수 있게 되었다. 이제 우리는 인어공주 이야기에서 그녀의 '손'을 볼 수 있게 된다.

나는 너를 사랑한다. 나는 너를 사랑한다?

다음날 그녀는 자신이 어젯밤에 쓴 문장이 남아 있는 노트를 들여다보면서 예상치 못한 경이로움을 맛보았다. 말(언어)이 물속에 녹지도 않고 공기 중에 흩어져 사라지지도 않고, 단단한 조개껍데기 위의 무늬처럼 종이 위에 그렇게 존재하고 있었던 것이다. 그녀는 꽃잎을 만지듯이, 사랑하는 사람의 살결을 쓸어보듯이 종이 위의 글자들을 매만졌다. 그러자 그것은 살아 있는 것 같았다. 그녀는 그것을 잘 보살피고 싶었다. 잘 성장시키고 싶었다. 그 순간에 그녀는 새로운 사랑에 빠진 사람처럼 보였다. 앞으로 글쓰기는 그녀를 애타게 하고, 기쁘게 하고, 절망에 빠뜨리고, 좌절시키고, 성숙하게 만들고, 변하게 만들 것이니, 그것은 그녀에게 연인과도 같은 존재였다.

"나에게 내 영혼은 오직 글을 쓸 때만 필요한 잉크다."(페르난두 페소아, 『불안의 서』) 나는 어느 날 저녁 이런 문장에 밑줄을 치고 있는 그녀를 어깨 너머로 발견하게 된다.

인어공주의 우편배달부

"오늘 선생님께 스무 통도 넘는 전보가 왔어요.
가져오려 했지만 집이 포위되어 있어서 돌아갈 수밖에 없었죠.
제가 한 짓을 용서해주셔야 해요.
다른 방법이 없었어요."
"무슨 일을 했는데?"
"전보를 다 읽고 외웠어요.
구두로 전해드리려고요."
—안토니오 스카르메타, 『네루다의 우편배달부』

 사람들은 내게 묻곤 한다. 어떻게 인어공주의 우편배달부가 될 수 있었느냐고. 그러면 나는 인어 할머니 이야기를 할 수도 있겠지만, 사람들이 아는 이야기 중에서 몇 가지 사례를 늘어놓으며 이해를 구하려고 해본다. 그래도 별로 믿는 눈치는 아니었지만, 이 세상이 사람들이 알고 있고 믿고 있는 것들로만 이루어졌다고 믿는 것이야말로 이 세상을 초라하게 만드는 일이 아니겠는가. 알고 믿는 것들로만 사랑을 하려고 한다면, 그 사랑이야말로 허상이었다는 것을 어느 날엔가는 쓰라리게 맛볼 것이다. 그렇기 때문에 사람들은 믿을 수 없어 하면서도 기꺼이 이야기를 따라가보는 것이고, 어떻게 해도 내가 다 알 수는 없는 타인과 함께 사랑의 미로를 기꺼이 헤매며 모종의 진실을 찾아내고자 하는 것이다.

인어공주의 우편배달부를 자처하면서, 내가 사람들에게 했던 이야기 중에는 '미래에서 온 핸드폰'에 관한 것도 있다. 이 핸드폰은 일본 옴니버스 영화 〈기묘한 이야기〉에 등장하는 검은 안경을 쓴 이야기꾼이 들려주는 네 편의 에피소드 중 하나인 '사무라이의 핸드폰'과 비슷한 것이다.[1] 이집트 피라미드에서는 수천 년이 지난 핸드폰이 발견되어 논란에 휩싸여 있는데, 영화는 300년 전의 어느 날로 거슬러 가서 하늘에서 떨어진 자그마한 은색 상자, (우리에겐 너무 익숙한데 300년 전의 사람에게는 해괴망측하기만 한) 핸드폰을 줍게 된 한 사무라이를 직접 보여준다. 오시이 장군이 얼결에 손에 쥐게 되었던 이 핸드폰은 미래의 어느 기관에서 역사적 사실을 확인하기 위해 과거로 보낸 특정한 연결 루트였던 것. 어쨌든, 철없는 남자 오시이는 미래인未來人과 대화를 나누면서 역사가 기록하는 영웅적인 사무라이와 점점 닮아간다. 인어공주에게도 그런 일이 일어났다고 상상해보면 안 될까. 인어공주와는 음성통화를 하는 대신, 문자를 주고받는 것으로……

'텔레파시(telepathy)'도 내가 애용하는 방법 중의 한 가지다. 텔

---

[1] 이 영화는, 1990년 4월부터 10년 이상 꾸준한 인기를 누리며 방영되었던 일본 TV시리즈물 〈기묘한 이야기〉에 소개됐던 천여 편의 이야기들 중에서 네 편의 에피소드를 엄선하여 제작한 것이다.

레파시는 텔레파시의 가능성을 믿는 사람들 사이에서 훨씬 더 효력을 발휘한다니까. 일단 믿어보는 게 어떨지. 아무 말 안 해도 서로의 가슴속까지 보인다. "온몸이 투명해진 사람들처럼."[2]

인어공주 이야기에 관한 한, 핸드폰 설보다는 아무래도 텔레파시 쪽에 좀더 솔깃해하는 것 같긴 해도, 그렇지만 결국에 네가 말하는 그것은 텔레파시가 아니라 뜬구름 잡는 공상이 아니냐고 사람들은 지적한다. 그리고 덧붙이길, 가만 보면 너는 4차원 하늘 아래 돗자리를 펴놓고 한여름 밤의 꿈을 꾸는 것 같다고 한다. 별로 반박하고 싶지 않은 지적이다. 오히려 나는 그것을 응원처럼 받아들이고 싶다. 우리가 그것을 올바르게 사용할 수만 있다면, 인어공주의 세계에서도 사랑의 세계에서도 '텔레파시'나 '상상력' '4차원적인 사고'는 능력이 될 수 있다고 나는 믿는 편이다.

오늘은 밤하늘을 좀 올려다보자고 청해보려고 한다. 천문학자 이명현 선생이 들려주는 시적인 설명을 배경으로(『이명현의 별 헤는 밤』) 별빛을 따라가보아도 좋을 것이다. 별빛이 눈물을 머금은 눈망울처럼 반짝이는 것은 지구의 대기 때문이라고 한다. 지구 대기를 벗어나 우주 왕복선에서 바라보면, 별빛은 떨림을 가지지 않고 얼음처럼 고요하고 침착한 빛이란다. 우주선 안에서는 우리의 눈동자도 인어공주처럼 눈물을 가지지 않는다. "중력이 약하니 눈물

---

[2] "그들은 아무 말도 하지 않았다. 그럼에도 이제 그들은 서로의 가슴속까지 느끼는 듯했다. 마치 걱정을 많이 하다보니, 아주 자연스럽게 온몸이 투명해진 사람들처럼."(레이먼드 카버, 「별것 아닌 것 같지만 도움이 되는」)

은 흐르지 않고 휘날려 흩어져버릴 것이다." 중력에 영향을 받지 않는 신들도 눈물을 흘리지 않는다.[3] 인어공주가 인간 세계를 동경했을 때, 그녀에게 인간의 눈물은 더없이 낯설고 신비로운 것으로 보였으리라. 눈물의 물리학으로 밤하늘에 반짝이는 별빛을 설명해주는 천문학자의 말을 듣고 있노라면, 저 별빛, 별빛은 들려주고 싶은 이야기가 있어서 그렇게 머나먼 길을 달려 지금 막 우리에게 당도한 것 같다.

저 별빛은 우주에서 가장 빠른 빛의 속도로 달려왔지만 어떤 것은 10년이 걸리고, 또 어떤 것은 100년, 1,000년, 10,000년이…… 걸려서 왔으니(태양에서 가장 가까운 별이 지구의 밤하늘에 반짝이는 데만도 4.3광년이 걸린다), 우리가 지금 보고 있는 것은 모두 과거의 빛이고 듣고 있는 것은 옛날 옛적의 이야기인 셈이다. 우주 정거장에서 우리는 저 별빛처럼 인어공주의 이야기를 맞이하기로 하자.

---

3) 인간적인 면모가 두드러지는 올림포스 산의 신들도 눈물을 흘릴 수 없었다. 눈물을 흘릴 수 없어 괴로웠던 신의 이야기를 한번 들어보자. 아폴로는 사랑했던 코로니스의 부정을 알게 된 후 분노에 휩싸여 그녀의 가슴에 화살을 쏘고 만다. 싸늘해진 연인의 시신을 하염없이 쓸어보면서 뒤늦게 상실의 슬픔이 밀려왔던 아폴로, "그러나 아폴로는 눈물을 흘릴 수 없었다. 신들에게 눈물은 금기였다. 아폴로가 괴로워하는 모습은, 백정 앞에 선 송아지 같았다."(오비디우스, 「까마귀 깃털이 검어진 내력」, 『변신 이야기』)

시소와 그네

"네가 뭘 만들었는지 아니, 마리오?"
"무엇을 만들었죠?"
"메타포."
"하지만 소용없어요. 순전히 우연히 튀어나왔을 뿐인걸요."
"우연이 아닌 이미지는 없어."
―안토니오 스카르메타, 『네루다의 우편배달부』

3월 21일.

당신은 오전 내내 정원에서 활쏘기 연습을 했어요. 과녁을 맞히면 내 칭찬을 구하듯이 나를 돌아보곤 했지만, 빗나간 화살이 훨씬 많았죠. 당신은 내 쪽으로 얼굴을 돌리지 않았어요. 나는 당신의 놀이에 낄 수 없었어요. 나는 혼자 산책을 했어요.

내가 사랑에 빠진 날을 생각해요. 과녁의 한가운데 나의 붉은 심장이 들어 있었어요. 그날, 당신의 화살은 빗나가지 않았어요. 정확히 맞췄죠. 그런데 그날도 당신은 나를 쳐다보지 않았어요. 너무 아팠어요.

나는 사람들이 놀이터라고 부르는 장소에서 놀이기구의 이름과 사용법을 익히며 시간을 보냈어요.

'그네'에 몸을 싣자, 새처럼 날아오르고 싶었어요.

나는 왜 현기증을 느끼면서 행복해할까요?

그네는 줄에 매인 새.

멀리 날아오를 수 없었어요.

내 마음속에도 '시소'가 있어요.

반대편에 앉은 당신이 너무 무거워 나는 허공으로 들려 올라갑니다. 내가 이렇게 가벼워도 되는 걸까요. 이 지상에서 살아가기 위해 내게는 존재감이 필요해요. 존재의 무게를 가지고 싶어요.

갑자기 당신이 헛것처럼 가벼워져서 나는 땅바닥에 처박힙니다. 아이들이 까르르 웃었어요.

햄릿처럼 나는 내게 말했어요. "내 영혼아, 제발 조용히 앉아 있자."

그러나 인어에게는 영혼이 없다고들 말하죠. 당신도 그렇게 생각하나요? 그럴 리가 없어요. 나는 넘실거리는 파도처럼, 시의 운율처럼, 내 영혼의 움직임을 분명하게 느껴요. 누군가의 살결을 간절히 어루만지고 있는 것처럼.

알고 보면 무시무시한 동화

안데르센의 「인어공주」는 사랑의 응답을 받지 못한 러브 스토리다. "사랑해"라고 말할 때, 내가 기대하는 것은 당신의 음성으로 터져나오는 화답, "사랑해"라는 그 똑같은 말이다. "난 널 사랑해"라는 말은 단순한 의사표현이 아니다. 그것은 "넌 날 사랑하니?"라는 물음을 거느리고 있는 말이다. 인어공주의 이야기는 사랑의 응답을 받기 위한 노정으로 이루어져 있다.

어떤 면에서 그녀의 사랑은 에코의 사랑을 닮았다. 에코는 자신의 목소리를 잃어버리고 다른 존재가 하는 말의 끄트머리를 되풀이하는 방식으로만 목소리를 낼 수 있다. 에코는 나르키소스를 사랑한 요정이었다. 에코가 둘이 하는 사랑의 문답을 완성하기 위해서는 나르키소스가 먼저 에코에게 사랑을 고백해야 한다. 나르키소스가 "나는 너를 사랑해"라고 말해야만, 그 말을 따라 에코는 "나는 너를 사랑해"라고 화답할 수 있는 것이다. 나르키소스에게 사랑의 고백을 듣지 못했기 때문에 에코는 자신의 사랑을 전달할 수도 없었고, 따라서 사랑의 거절조차 당할 수 없었다. 목소리를 잃어버린 인어공주는 에코처럼 왕자만 졸졸 따라다니면서 하염없이, 부질없이 사랑의 고백을 기다린다.

인어공주의 이야기는 끝내 응답받지 못한 사랑이 어떤 치명적인 선택을 하게 되는지 보여준다. 당신을 죽이든지 내가 죽든지, 그 두 가지 극단적인 선택지만 남겨놓았다는 점에서 이 이야기는 '알고 보면 무시무시한 동화'다.

그러나 이런 치명적이고 잔혹한 선택 앞에 서게 될 때까지 인어공주가 지상에서 보여준 태도는 지극히 소극적이고 보수적이기까지 하다. 생물종의 경계까지 초월하여 저돌적으로 사랑을 찾아온 아가씨라고는 도저히 믿기지 않을 정도다. 인간 사회에 들어온 인어 아가씨는 이른바 얌전한 여성상 안에 완전히 포획된 듯하다. 그녀는 마치 먹이를 통째로 삼키고선 그걸 소화시키느라 꼼짝도 못하고 여섯 달 동안 잠을 자고 있는 보아뱀처럼(생텍쥐페리, 『어린 왕자』), 그녀의 생기와 모험심을 사랑하는 사람을 만나는 데에다 몽땅 소진해버리고선 그 이후론 내내 지쳐서 반쯤 잠들어 있게 된 사람 같아 보인다.

인어공주 이야기에서 사랑의 장애물로 설정된 그녀의 잃어버린 목소리가 그녀에게 이루지 못한 사랑을 변명해줄지 모르겠지만, 어쩐지 목소리가 있었대도 크게 사정이 달라졌을 것 같진 않다. 왜냐하면 그녀는 자신의 목소리를 가지고 사랑을 표현하고 고백하는 자리에 서려고 하질 않았을 것이기 때문이다. 그녀는 자신의 감정을 감추려고 애쓰면서 그로부터 도착할 사랑의 고백만을 하염없이 기다릴 뿐이다. 그녀는 단지 자신의 위치를 고백에 대해 응답하는 자리에 고정시킨다. 그러므로 그녀의 사랑이 완전히 실패로 돌아갔어도 그녀의 사랑은 거절당해본 일조차 한 번 없는 것이다. 그녀는 한 번도 상대방에게 사랑을 표현하고 요구한 적이 없었으니까 말이다.

그랬기 때문에 왕자는 이 모든 것을 전혀 '모르는 자'이거나, 부분적으로 '모르는 척하는 자'로 남는다. 아무리 인어공주가 사랑의 표현을 삼가고 조심했다 하더라도 그 강렬한 에로스가 새어나오지 않았을 리 없었을 텐데도, 그는 둘 사이의 친밀감을 우정이나 연민의 감정으로 끝까지 오인한다(오인하고 싶어한다). 그는 지극히 둔하거나(순진하거나) 둔한 척(순진한 척)하는 자이다.

그는 자신의 주변에서 무슨 일이 벌어지고 있는지 모른다. 달콤한 신혼의 첫날밤, 그 깊은 밤에 인어공주가 칼을 들고 침상을 찾아와 그와 그의 신부가 평온히 잠들어 있는 모습을 대체 어떤 마음으로 바라보았을지 그는 짐작도 상상도 할 수 없다. 그는 비극의 핵심에서 키(key)로 작동하면서 동시에 비극의 문밖에 동떨어져 있는 인물이다. 왕자의 입장에서 보자면, 인어공주의 등장과 죽음은, 어느 날 어디서 왔는지도 모르는 소녀가 홀연히 나타났다가, 어느 날 어디로 갔는지도 모르게 사라져버린 이야기다. 인어공주의 입장에서 보자면, 죽음보다도 더 치명적으로 허무한 것이 왕자의 저 백치 같은 무지無知일 것이다. 이 남자의 백치미가 인어 아가씨를 어떻게 만들었는지 생각해보라.

그러나 인어공주 이야기는 다르게 전개될 수도 있다. 내 안에도 다른 사랑의 이야기들이 살고 있듯이, 인어공주 안에서도 얼마나 많은 사랑의 서사가 쓰이고 지워졌는지 우린 다 헤아릴 수 없을 것이다. 요즘 우리가 만나고 있는 인어 아가씨는 펜을 쥐고 있으니, 우리가 아는 인어공주 이야기로부터 다른 쪽으로 뻗어나간 가지가 담장을 넘어 다른 세상으로 사랑의 꽃잎을 흩날리는 모습을 어쩌면 볼 수 있을지도 모른다.

연애편지를 쓰자

사랑은 촉각적인 것이다.
편지는 글로써 연인의 손을 만지는 것이다.
—미셸 러브릭, 『사랑은 예술이다』[1]

인어공주가 드디어 문자의 세계에 입성했을 때, 그녀는 우선하여 연애편지를 써보고자 했다. 자신의 답답한 상황을 타개하는 데 있어서 연애편지가 훌륭한 돌파구가 되어줄 거라고 그녀는 내심 기대하고 있었던 것이다. 그렇지만 어쩐지 연애편지 쓰기는 계속 미뤄지고 있다. 아니, 그녀는 '썼다 지웠다'를 반복하고 있었다. 그러다가 이런 문장을 일기장에 끼적이고는 한숨처럼 입김을 불어 촛불을 껐다. 이제 곧 동이 틀 시간이다.

오버over하는 건 사랑의 본질일까? 실수일까?
지우개는 하얗고, 밤중에 밀려나오는 지우개 가루는 검다.

---

1) 이 책의 원제는 'How to write love letter', 즉 '러브레터 쓰는 법'이다.

하얀 지우개가 검은 지우개 가루로 밀려나오는 밤. 그녀가 썼다 지운 문장은 과연 어떤 것이었을까. 궁금한가, 그렇다고 추궁하지는 말자. 절실했지만 다시 보면 '오버'스럽게 느껴지는 구문들, 그런 연애편지의 문장을 우리도 밤새워 쓰고 지웠던 적이 있지 않은가. 그러니 그녀를 곤란하게 만드는 질문은 삼가기로 한다.

다만 여기서 우리가 눈여겨볼 점은 그녀가 '오버over'에 대해 의식하기 시작했다는 것. 이것은 그녀가 제 마음과 다른 연애편지 수신자의 마음 상태를 고려하고 측량해보았다는 뜻일까. 어쩌면 한 번도 의심하지 않았던 자신의 감정에 대해 그녀가 생각하기 시작했고 회의하기 시작한 것은 아니었을까.

문학사적으로 가장 유명한 '오버'의 주인공은 '베르테르'이지 싶다. 『젊은 베르테르의 슬픔』에 공감했던 많은 독자들은 '베르테르'의 '오버'에 공감했다. '오버'는 사랑의 본질적인 양상이라 할 수 있다. 사랑의 한가운데 빠져 있을 때에는 결코 '오버'를 느낄 수 없지만(오히려 어떻게 해도 항상 부족하다고 느끼지만), 사랑의 상태에 약간의 거리만 생겨도 감정과 표현의 '과잉'은 자의식 속에서 '실수'의 혐의를 받는다.

괴테의 이 작품은 편지의 문체를 사용한 일기 형식의 작품이다. 편지와 일기, 이 두 가지 글쓰기 형식은 사랑의 내면에 최대한 근접하는 데 용이한 내밀한 목소리를 가지고 있다. 베르테르는 자살하기 직전까지 글쓰기를 멈추지 않았으므로 이 글쓰기는 유서의 성격까지도 갖췄다.[2] 영혼의 벗(빌헬름)과 사랑하는 연인(로테)을 호명하면서 베르테르는 죽음 직전까지 글쓰기를 통해 사랑의 희열과 괴로움의 높은 열과 파동을 계속해서 전달한다.

베르테르의 사랑의 상태에 대해 냉담했던, 그랬기에 그 '오버'가 혐오스럽게 보였던 자들에게 『젊은 베르테르의 슬픔』이 불러일으킨 당대 독자들의 뜨거운 호응은 심히 우려스러운 것이었던 모양이다. 신학자 요한 멜리오르 괴체에게 이 작품은 어리석은 젊은이의 자살을 영웅적인 행위로 옹호한 사탄의 유혹물이었다. 그에게 자살은 인간이 해서는 안 되는 '오버'였던 것이다. "이런 사탄의 유혹물을 인쇄하지 못하도록 막아주는 검열기관이 없단 말인가? 오, 하느님! 어찌하여 저를 이런 시대에 살게 하셨습니까?" 신학 대학에서는 『젊은 베르테르의 슬픔』에 대해 판매 금지 처분을 신청했고, 실제로 몇몇 지역에서는 출판 금지 명령이 내려지기도 했다고 한다.

"오버하는 건 사랑의 본질일까? 실수일까?" 어쨌든, 나는 조금이라도 도움이 될까 싶어 '러브레터 쓰는 법'에 관한 책 한 권을 인어공주에게 선물했다.

---

2) 한국 근대문학사의 초입에서(1920년) 김동인이 썼던 소설, 「마음이 옅은 자여」에서는 사랑의 실패담을 담은 일기와 유서를 동봉한 편지가 소설 전체 분량의 3분의 2가량을 차지한다. 일기, 유서, 편지는 사적인 글쓰기의 3대 양식이라 할 수 있다. 김동인이 만들어낸 베르테르 유형의 주인공은 유서를 썼지만 자살은 하지 않았고, 대신 편지 수신인인 벗에게 자신이 죽음을 결심할 만큼의 내적 고통을 겪었다는 것을 증빙하기 위해 일기와 함께 유서를 편지에 동봉한다.

"우리는 누군가에게 꽃을 주기 위해 편지를 쓴다." '러브레터 쓰는 법'의 저자는 모든 문학 가운데서 러브레터야말로 가장 열렬히 환영을 받은 것이었으면서 한편으로 가장 많이 불태워 없어진 것이었다고 말한다. 나는 오늘 아침에 인터넷 뉴스로 열일곱 살 아인슈타인이 첫사랑에게 보냈다는 러브레터가 스위스 베른역사박물관에 전시되었다는 기사를 읽었다. 발견 당시 이 편지는 갈가리 찢겨 있었다는데, 그 찢어진 상태가 얼마나 심했는지 유적지에서 출토된 부서진 항아리처럼 박물관 측이 전시를 위해 그것을 이어 붙이는 데 상당한 시간과 공이 들었다고 한다. 기사 밑에는 '내 연애의 흑역사가 파헤쳐지지 않도록 나는 절대로 유명해지지 않겠다'는 내용의 댓글이 눈에 띄었다. 연애편지는 찢기거나 불태워질 위험, 나아가 원치 않는 방식으로 공개될 미래의 위험까지 감수해야 하는 글쓰기다. 이에 앞서서, 글쓰는 자 그 자신에 의해 가장 많이 검토되고 검열되고 삭제되는 글쓰기이기도 하다. 기원전 1세기에 로마 시인 카툴러스는 "한 연인이 그녀가 애태우는 연인에게 말하는 것은 바람과 흐르는 물 위에 써야 한다"고 했다지.

그러니 인어공주의 망설임과 고심을 이해하고 좀더 기다려보기로 하자. 인어공주는 이런 문장에다 밑줄을 그어두고 있다. 러브레터를 전달하는 기발한 방법 한 가지, "입 다문 튤립 속에 작은 쪽지를 돌돌 만 것을 밀어넣어둔다. 방안의 온기로 꽃이 봉오리를 열면, 그 쪽지가 나타날 것이다." 그녀는 자신이 쓴 연애편지가 로맨틱하게 개봉되는 장면을 즐겨 상상하곤 했던 것이다.

18세기 말 유럽에서 '인권'의 요구가 갑작스럽게 구체화될 수 있었던 감정적인 근거를 찾고자 했던 역사학자 린 헌트 교수는 '서한소설'에 주목했다. 그녀의 책 『인권의 발명』은, 소설적으로 공개된 연인들의 편지가 독자들의 감정을 분출시켰고, "뇌의 변화로 전이되고 사회적·정치적 삶의 조직에 관한 새로운 개념들로 재귀하는 결과를 낳"았다고 주장한다. 서신 교환의 형식으로 서사를 펼쳐보이는 서한소설은 독자들로 하여금 자신들의 계급적 신분이나 종교적 신념, 성적 차이 등의 울타리를 넘어 '보편적' 공감을 강렬하게 경험하게 했다. 누구나 사랑할 수 있으며 누구도 사랑할 수 있다. '사랑의 권리'에 공감함으로써 '인간의 권리'를 자명하게 받아들이는 내면이 형성되었다는 것이 린 헌트의 문화사적 통찰이다.

그녀는 당대에 특별히 영향력이 컸던 세 편의 서한소설—루소의 『신엘로이즈』(1761), 리처드슨의 『파멜라』(1740)와 『클라리사』(1747~1748)에 초점을 맞추어, 소설 독서가 평등과 공감의 감각을 창출해냈다는 논지를 그럴싸하게 전개시킨다. 루소의 『신엘로이즈』는 『사회계약론』보다 한 해 앞서 출간되어 국제적으로 커다란 반응을 얻었던 베스트셀러 소설이다. 중세의 유명한 사랑 이야기, 엘로이즈와 아벨라르의 비극적인 사랑 이야기를 바탕으로[3] 18세기에 편지 쓰는 연인으로 새롭게 재탄생시킨 이 소설은, 루소 자신이 유행시킨 용어 '인간의 권리'를 주요한 주제로 삼고 있지는 않았지만 계급, 성, 민족의 경계를 넘어 이 소설에 공감했던 독자들의 내면으로는 '인권'과 '평등'의 깊은 의미가 감정을 타고 자연스럽게 흘러들었다.

새뮤얼 리처드슨의 서한소설『파멜라』의 여주인공 파멜라는 자신의 어머니에게 줄기차게 편지를 쓴다. 그녀는 한 귀족 부인이 특별히 아꼈던 몸종이었다. 귀족 부인이 죽고, 농락하려드는 귀족 부인의 아들에 맞서 자신의 방식으로 사랑을 이끌어가는 그녀가 얼마나 고상한 영혼과 분명한 주관과 재치를 지녔는지, 우리는 파멜라의 어머니와 함께 그녀의 편지를 읽으면서 점점 알게 된다.『인권의 발명』의 저자가 지적했듯이 서한소설에는 행위의 '밖'과 '위'에 있는 권위적인 관점이 없어서, 나뭇잎이 바람에 쏠리듯 우리의 생각과 느낌은 편지를 쓰고 있는 인물의 내면으로 쏠려들어가 빠르게 녹아든다. 우리는 귓속말을 들을 수 있을 만큼 가까이 파멜라에게 밀착해 있다. 우리는 자신으로부터 떨어져나와 파멜라의 경험 속으로 들어간다. 만약 당신이 계급적으로 귀족의 아들에 속한다고 할지라도 이 소설을 계속 읽고 있다면, 당신은 자신이 파멜라의 관점에 서서 그녀의 사랑을 응원하고 있다는 것을 곧 깨닫게 될 것이다. 사랑은 '사회적 거리'를 녹여버린다.

다소 얘기가 길어졌는데, 어쨌든『인권의 발명』이라는 책의 메시지가 인어공주의 글쓰기에 용기를 북돋워주었으면 좋겠다는 것

---

3) 12세기의 신학자 아벨라르와 총명한 엘로이즈는 가정교사와 제자의 관계에서 사랑에 빠지게 되고 비밀리에 결혼까지 감행한다. 이 사실을 알게 된 엘로이즈의 친족들에 의해 아벨라르는 거세를 당하고 수도원의 수사가 되어야 했고 엘로이즈는 수녀원에 들어가야 했다. 이 둘은 죽어서야 파라클레 수녀원 묘지에 나란히 누울 수 있었다. 두 연인은 격리된 채로 내밀한 편지를 주고받았는데, 이 편지들은 두 사람의 사랑을 테마로 한 방대한 문학 속에 영원히 살아남게 되었다.

이 내 뜻이었다. 나는 이 책도 그녀에게 선물하기로 했다.

언어에서 인간으로 몸을 바꾼(transgenic) 그녀, 졸지에 고아가 되었고 벙어리가 되어버린 그녀, 주변인이자 소수자인 그녀에게 새로운 '인권의 발명'은 존재론적인 가능성이자 책무가 되어 있다. 우리는 지금 그녀를 인어공주라고 부르고 있지만, 왕자에게는 이름도 없는 고아 소녀, 어디서 흘러왔는지도 모르는 벙어리 소녀일 뿐이다. 사랑하는 사람 앞에서 그녀는 불투명한 타자로 서 있다. 그녀는 그녀 자신에게도 타자인 채로 서 있다.

오늘밤에도 일기장을 펴놓은 그녀는 그녀 자신 안의 타자에게로 물음표의 모양새를 하고서 깊숙이 몸을 구부리고 있을 것이다. 그녀는 왕자에게 자신이 누구인지 보여주기 위해서라도 자신에 대해 알아야 할 것이다. 그녀의 사랑은 '나는 누구인가'라는 물음을 경유하지 않을 수 없다. 그렇다. 며칠 후 그녀의 일기장에는 바로 이 문장이 등장하게 된다. "나는 누구인가?"

"저는 진정으로 저 자신을 느껴요—낯선 곳에서 온 소녀."[4]

문자의 세계에 들어온 지 얼마 안 되는 그녀를 위해 감동적인

---

[4] 엘즈비에타 에팅거, 『한나 아렌트와 마틴 하이데거』. 아렌트가 하이데거에게 보낸 편지 속에서 찾은 구절이다. "저는 제가 단 한 번도 독일 여성이라고 느낀 적이 없고, 유대인 여성이라고 느끼지 않은 지도 오래되었어요. 저는 진정으로 저 자신을 느껴요—낯선 곳에서 온 소녀(프리드리히 실러의 시 「낯선 곳에서 온 소녀」)."

연애편지 하나를 소개할까 한다. 대학 신입생들의 필수 교양과목인 '대학국어' 수업 시간에 읽었던 어느 산문에 삽입되어 있었던 연애편지다. 김화영 선생님의 「책, 독서, 교육」이라는 에세이에 보관되어 있는 짧은 연애편지.

나는 군복무 시절에 공민교육대라는 이름의 군사학교에서 임시 교사 노릇을 하게 되었다. 지금은 그런 일이 없지만 1960년대만 해도 문맹자들이 군에 입대하는 일이 간혹 있었다. 그리하여 나는 문맹의 성인들을 모아놓고 이른바 '영희와 바둑이 철학'을 가르치는 일을 맡게 되었다. 그때 나는 처음으로 사람이 글을 읽지 못할 수도 있다는 기막힌 사실과 정면으로 마주쳤다. 글자를 깨치는 것이 느린 피교육자들은 가령 고향에 있는 자신의 아내에게서 편지가 오면 나에게 그 편지의 내용을 읽어달라고 몹시 부끄러워하면서 사정하는 일이 종종 있었다. 부부 사이의 가장 내밀한 마음의 표현을 제3자를 통해서 해독해야 하는 딱한 사정에 내가 참여한 것이다. 하루는 봉투 속에서 편지를 꺼냈더니 백지 위에 손바닥을 펴서 짚은 채 각 손가락의 윤곽을 따라 연필로 서투르게 줄을 그은 손의 그림이 커다랗게 떠올랐다. 그 밑에는 어렵사리 판독한 결과 '저의 손이어요. 만져주어요.'라는 뜻으로 읽혀지는 애틋한 글이 딱 한 줄 씌어져 있었다. 내가 읽은 것 중에서 가장 감동적인 사랑의 편지 중 하나였다. 마침내 그 편지의 수신인이 더이상 나의 도움을 빌리지 않고도 아내의 편지를 읽을 수 있는 날이 왔다. 그날 그는 아내의 편지를 손에 펴든 채 감격하여 큰 소리로 울었다. 거룩한 독자들의 대열 속으로 들어

가는 입문의 통곡이었다. (밑줄은 인용자)

편지를 읽는 일, 마음을 다해 누군가의 글을 읽는 일, 진정한 사랑의 독서는 손을 만지는 듯한 물질적인 감각을 동반한다. 문자를 도구로만 간주하고 글을 정보로만 취급하는 자리에서는 그러한 사랑의 '촉각적 감각'이 탄생할 수 없다. 사랑하는 연인의 손을 만지듯이, 문장과 단어를 감촉하고, 행간과 여백의 파동을 느끼고, 애매성과 함축에서 들려오는 여러 개의 목소리에 귀를 기울이는 진정한 독서는 사랑의 능력으로부터 오는 것이다. 침묵에 잠긴 언어 공주의 이야기를 되찾아오기 위해서는 나와 당신이 "거룩한 독자들의 대열 속으로 들어가"야 한다. 그리고 우리는 제각기 먼 곳에서 '만지는 손'으로 사랑의 편지를 쓸 것이다. 오늘밤에 나는 당신에게 답장을 쓸 것이다.

지금 나는 『네루다의 우편배달부』 마리오가 녹음기에 담았던 마지막 사랑의 편지를 떠올리고 있다.

파블로 네루다가 글을 쓰기 위해 한동안 정착했던 한적한 바닷가 마을 이슬라 네그라에서 네루다의 우편배달부로 매일같이 그의 집을 찾았던 마리오. 어느 날 마리오는 '메타포'가 뭐냐고 시인에게 묻게 된다. 마리오는 '시적 언어'를 향해 첫발을 내디딘 것이다. 마리오는 사랑하는 여인에게 자신만의 '말'을 전달하고자 하고(전달한다!), 정치적으로 각성한 민중의 '말'을 가지고자 한다(가진다!). 그는 시인으로 변신한다. 네루다와 마리오의 유쾌하고 진지한 우정은 영혼의 성장을 함께 키워냈다.

파리에서 병이 깊어진 네루다가 그리운 영혼의 고향 이슬라 네그라의 소리를 듣고 싶다는 편지를 보내오자, 마리오는 녹음기를 들고 이슬라 네그라가 네루다에게 보내는 아름다운 소리들을 채집하기 시작한다. 바람소리, 종소리, 파도 소리, 갈매기 울음소리, 벌집에서 벌들이 윙윙대는 소리, ……그리고 갓 태어난 아기(파블로 네루다의 아들)가 쩌렁쩌렁 우는 소리. 우리도 잠시 그중의 하나만이라도 들어볼까.

> 넷째, 갈매기 울음소리. (2분간 기묘한 스테레오 음이 난다. 녹음한 사람이, 앉아 있는 갈매기들 쪽으로 살금살금 다가가서 새들을 놀래 날려 보낸 듯하다. 그래서 새 울음소리뿐만 아니라 절제미가 담긴 무수한 날갯짓 소리 역시 들을 수 있다. 중간에 45초가 지날 즈음에 마리오의 목소리가 들인다. "염병할, 울란 말이야"라고 소리지른다.)

마리오가 네루다에게 보낸 이슬라 네그라의 자연의 소리 속에는 이 소리를 전달하기 위해 애태웠던 마리오의 목청이 섞여 있다. "염병할", 그것은 참 어여쁜 욕설이라 하지 않을 수 없다. 그리고 네루다를 위해 녹음기를 켜둔 채로 마리오는 자신이 공들여 쓴 시 한 편을 낭독했다. 태어나서 한 번도 직접 눈 한 송이 본 적이 없는 그가 눈 내리는 파리의 네루다를 생각하며 쓴 시다. 제목은 「파리의 네루다를 뒤덮는 백설 송가」.

은은하게 걷는 부드러운 동반자,

하늘의 풍요로운 우유,

(……)

하늘거리는 귀공녀들,

수천 마리 비둘기 날개,

미지의 이별을 머금은 손수건.

나의 창백한 미인이여,

파리의 네루다 님에게

푸근하게 내려다오.

네 하얀, 제독의 옷으로

그를 치장해다오.

그러고는 우리 모두가

그를 사무쳐 그리는 이 항구까지

네 사뿐한 순양함에 태워 모셔와다오.

라르바투스 프로데오

내가 당신에게 뭔가 감추는 중이란 걸 좀 아세요. 이것이 지금 내가 해결해야 하는 능동적인 패러독스다.

―롤랑 바르트, 『사랑의 단상』

롤랑 바르트는 『사랑의 단상』에서 데카르트의 유명한 라틴어 경구, "라르바투스 프로데오(Larvatus prodeo―나는 손가락으로 내 가면을 가리키면서 앞으로 나아간다)"를 재인용하면서, 정념의 표현법 속에 꼬여 있는 이중적인 심리를 묘사하고 분석한다. 즉 나는 혼란스럽고 과도한 내 감정을 당신에게 들키지 않으려고 위장하고 있지만, 당신은 내가 애써 가면을 쓰고 있다는 것을 알아줬으면 좋겠어요. 이를테면, 당신으로 인해 눈물을 흘렸는데 당신에게 들키고 싶지 않아서 검은 선글라스를 끼고 있으니, 이 검은 선글라스에 주목해주세요. "무슨 일 있어?" "왜 그래?", 그런 다정한 질문들을 내게 해주세요. 내가 아무 일도 아니라고, 괜찮다고 말해도, 관심과 염려를 거두지 말아주세요.

지나친 정념을 상대방에게 감추고자 하는 이는 스스로를 사랑의 약자弱者로 간주하고 있을 가능성이 높다. 사랑의 관계에서 약자의 자리는 대개 더 많이 사랑하는 쪽에게 할당되는 법이다. 사랑에 빠지게 되면 누구나 더 많이 사랑하는 사람이 되고 사랑의 약자가 되는 건지도 모르겠다. 그러므로 사랑하는 자는 언제나 약자이며 지는 자다.

> 그대 앞에만 서면 나는 왜 작아지는가
> 그대 등뒤에 서면 내 눈은 젖어드는데
> 사랑 때문에 침묵해야 할 나는……
>
> ―김수희의 노래 〈애모〉

감정의 크기와 높낮이가 스스로에게도 당혹스러운데, 그 감정을 상대방에게 그대로 들킨다면 그(그녀)가 부담을 느끼거나 질려버리지 않을까, 그런 걱정이 감정을 위장하거나 온화하게 조정하여 나타내고자 하는 심리에 작용할 것이다. 물론 여기엔 '밀당'의 역학, '작업'의 기술이 작용하고 있을 수도 있다. 때로는 내 감정의 놀라운 크기와 열기가 당신을 감동시킬 수 있을 거라는 기대를 갖고 정념의 순도를 표현해보고자 시도하지만, 그렇다고 해서 나의 내적 혼란을 투명하게 드러낼 작정인 것은 아니다.

어떤 '지나침'이나 '혼란'은 의도를 배반하는 방식으로 새어나오거나 터져버린다. 발화의 내용은 쿨하고 의젓하고 태연한데, 목소리가 떨리거나 잠기거나 갈라진다. 목소리, 눈빛, 손짓, 탁자 밑에 가려져 있는 다리, 입꼬리, 침샘, 눈물샘, 딸꾹질, 이 모든 몸의 표현을 내가 모두 제어할 수는 없다. 바르트는 이 사태를 이렇게 기술했다. "내 육체는 고집 센 아이이며, 내 언어는 예의 바른 어른이다." 바르트가 경고한 대로, 나의 내적 긴장이 예기치 않게 폭발하는 순간이 찾아왔다. "그 사람의 어리둥절해하는 시선 앞에서 별안간 울음이 터져나와, 오랫동안 감시해왔던 언어의 노력을 (그리고 그 효과를) 무산시켜버린다." 나는 나를 포기하고 방기해버린다. 나는 '자의식'을 잃어버린다. 그 순간, 나는 나의 무책임 속에서 어린아이가 돼버린다. 의식의 둑을 넘쳐흐르는 '미친 사랑'의 파도 속에 나는 휩쓸린다. 나는 요동치고 있다.

'자의식' 없이, '가면' 없이 우리가 사랑을 지속할 수 있을까. "하느님, 어째서 제정신을 차리기 전과 다시 제정신을 잃어버린 후에만 행복하도록 인간의 운명을 정하셨습니까." 이것이 비단 베르테르만의 독백은 아닐 것 같다. 누구라도 사랑을 겪어봤다면, "미쳐버리고 싶은, 미쳐지지 않는"[1] 괴로움이 어떤 것인지 감이 올 것이다. 미치지 못해 괴로웠을 것이며, 이러다가 진짜 미쳐버릴까봐 또한 두려웠을 것이다. 베르테르는 사랑의 광기 속에 파묻히고 싶어한다. 그는 미치광이에게 영혼의 열등감을 느낀다. 그러나 우리에게 주어지는 것은, 바르트의 말대로, "초라한, 불완전한, 은유적인 광기", "문화에 의해 완전히 포착된" 진부한 광기, '유사-광기'에 불과하다.

다만 오늘은, 라르바투스 프로데오(Larvatus prodeo)—나는 손가락으로 내 가면을 가리키면서 앞으로 나아간다.

---

1) 이인성의 소설책 제목.

롤랑 바르트처럼 인어공주도 말했다. "내가 당신에게 뭔가 감추는 중이란 걸 좀 아세요." 그런데 인어공주에게는 여기에 또 좀 다른 사정이 겹쳐져 있다. 그녀의 얘기를 들어보도록 하자.

5월 28일.

내가 오만했던 걸까, 어린애 같았던 걸까. 내가 그를 사랑하는 만큼 그도 당연히 나를 사랑할 거라고 믿어 의심치 않았다. 내 모습을 그에게 보이기만 하면 된다고, 그의 곁으로 다가가기만 하면 된다고, 나는 믿고 있었던 같다. 나는 바로 그 일을 해냈다. 물론 그것도 쉬운 일은 아니었다. 그러나 내가 할 수 있는 건 그걸로 끝이었다.

'그다음'은 저절로 이루어져야 하는 것이었다. 그다음은 그가 저절로 사랑에 빠져야 하는 것이었는데, 상황은 그렇게 흘러가지 않았다. 애초에 나는 '다음' 상황을 생각하지 못했다. 사랑에 빠진 나는 생각이라는 것을 하지 않았고, 어떻게든 이어가야 하는 호흡처럼 내 사랑은 절박하게 나를 몰아붙였다. 그를 보지 못하면 숨이 쉬어지지 않았으니까, 일단 그를 만나는 게 내게는 무엇보다도 급했고, 그 '이후'에 대한 생각이나 계산 따위는 민들레 홀씨보다도 가벼워 내 헐떡이는 숨에 훅하고 날아가버렸던 것이다. 그러나 민들레 홀씨는 사방으로 퍼져서 풍경을 바꿔놓았다. 그를 만난 후 내가 직면한 문제 상황은 완전히 바뀌었고 훨씬 복잡하고 난해해졌다. 이제 나는 생각, 생각, 생각밖에 할 일이 아무것도 없다.

생각, 생각, 생각을 하다보니, 나는 나를 조금 떨어져 볼 수 있게 되었다. 나는 나와 다른 온도를 가진 듯 조금 차가워질 수 있었다. 나는 내가 가진 사랑과 환상을 한껏 비웃어도 보았다. 그러나 지금 내가 가진 것은 그 문제적 사랑의 환상이 전부다. 나는 지금 나의 전부를 시험대에 올려놓고 있다.

당신은 내게 다정하고 친절할 뿐이다. 당신은 자신의 감정을 우정이나 우애 같은 것이라고 설명했다. 당신에게는 이미 사랑하는 사람이 있다고도 했다. 당신이 사랑하는 여자, 다시 말해 나의 연적은 누구인가. 당신은 그 여자를 생명의 은인으로 여기고 있다. 그것은 당신이 잘못 알고 있는 정보다. 당신의 진정한 생명의 은인은, 그날 폭풍우 치는 밤바다가 하나도 무섭지 않았던 유일한 존재, 인어공주, 지금은 당신 곁을 맴돌고 있는 여자, 그러나 당신이 알아보지 못하고 있는 나, 바로 나란 말이에요! 당신의 사랑은 오해로부터 자라난 것이다. 따라서 오해가 풀리면 당신을 사로잡고 있는 사랑의 마법도 풀릴 것이다.

당신에게 이 사실을, 이 진실을 어떻게 알릴 것인가. 이 문제를 놓고서 한참 궁리하다보면, 나는 어쩐지 음모를 꾸미는 것 같다. 나의 계획은 간교한 데가 있다. 나는 나대로 당신을 도왔고(바다에 빠진 당신을 건져 해변까지 데려왔다), 그녀는 그녀대로 당신을 도왔는데(해변에 쓰러진 당신을 발견해 수도원으로 데려가 간호했다), 나는 그녀의 공적까지 가로채고 싶은 것이다. 그녀의 행위는 별것 아닌 것, 그러나 나의 행위는 위대한 것이다. 그녀의 행위는 누구나 할 수 있는 것, 그러나 나의 행위는 나만이 유일하게 할 수 있는 것이다. 나는 그녀의 역할까지 하고 싶었고, 할 수도 있었는데, 그 순간 그녀가 나타났고 그때 나는 정체를 감춰야 하는 인어였다. 그렇다면, 나의 역할을 그녀가 가로챈 것이 아닌가.

　이러한 생각에는 분명 기만적인 구석이 있다. 나는 그녀를 내 사랑의 훼방꾼으로 취급하고 있는데, 실상 그녀는 아무것도 모르고 있다. 나에게는 '의도'가 있고 그녀에게는 '의도'가 없기 때문에, 그녀는 순수하고 다만 무지할 뿐이다. 내 사랑을 좌절시키는 존재가 그녀가 아니라 '그'라는 것 또한 너무나 명백한 사실이다. 또 한 가지 명백한 사실은 지금 그녀는 이곳에 없다는 것이다. 아무것도 모르고 있고, 게다가 부재하는 존재를 질투한다는 것, 나는 유령 같은 존재와 사랑의 경쟁을 하고 있는 것이다. 이런 내가 정말 싫다. 싫지만······

　내가 세운 가정假定을 검토해보자. '그가 그녀를 사랑하는 것은 그녀가 생명의 은인이기 때문이다'라는 가정 아래에서, 나는 그녀의 자리를 탈환할 방법을 모색중이다. '생명의 은인'이라는 그 자리의 진짜 주인은 나니까.

　그런데, 실은 '사랑의 이유'라는 것 또한 미심쩍은 것이다. 생명의 은인이라는 자리에 누구를 대입한다 해도 그는 그 누구를 사랑하게 되는 자동인형 같은 남자란 말인가. 생명의 은인이 나라는 것이 밝혀지면 그의 사랑은 내게로 옮겨오는가. 만약 그렇다면 그는 나를 사랑하는 것이 아니라 생명의 은인을 사랑하는 것이 되고 만다. 그게 과연 사랑인가. 그의 사랑이 진정한 것이라면, 그는 생명의 은인을 사랑하는 것이 아니라 그녀를 사랑하고 있는 것이어야 한다. 이것이 내가 적극적으로 그에게 사건의 전말을 알리는 걸 망설이는 첫번째 이유다. 내가 그에게 듣고 싶은 말은 사랑의 고백이지 감사의 인사 따위는 결코 아니다. 차라리 비밀을 누설하는 것보다 비밀을 감추는 듯이 구는 편이 그의 호기심이라도 자극하지 않을까. 내가 가진 유일한 무기는 비밀이 아닐까. 제발, "내가 당신에게 뭔가 감추는 중이란 걸 좀 아세요."

매혹적인 비밀은 궁금해할 여지도 없는 완전한 은폐가 아니라 암시와 뉘앙스가 살짝 풍겨서 자꾸만 호기심이 생기는 그런 것이다. 벽돌로 쌓은 벽이라기보다는 뭔가가 어른거리는 창문 같은 것.

> 창문은 질투의 시작이었다. 창문에 어른거리는 것들을 갖고 싶었다. (……) 모든 창문에는 비밀이 있었고, (……) 비밀을 가질 수만 있다면 누군가 바깥에서 자신의 창문으로 돌을 던져도 상관없을 것이라고 생각했다. 벽을 쌓는 것보다 창문을 만들기가 훨씬 어려웠다.
> ―김중혁, 「빅포켓」

나는 당신을 그런 창밖에 세워두고 싶다.
만약 당신이 창문으로 돌을 던진대도, 끝끝내 비밀이어야만 하는 데에는 한 가지 문제가 더 관여돼 있다. 이것이 사실상 더 심각하고 근본적인 문제다. 내가 언어였다는 사실을 그는 어떻게 받아들일 것인가. 그의 반응을 짐작할 수 있게 해주는 에피소드가 하나 있었다. 그의 절친한 친구에 관한 이야기다. 그는 친구를 '동정'했다. 그 친구는 가면무도회에서 만난, 정체 모를 어떤 여인을 깊이 사랑하게 되었는데, 그 여자가 원래는 남자였다는 걸 뒤늦게 알게 되었다는 것이다. 그가 말했다. "징그러웠을 거야." 그는 친구의 사랑을 걱정했을 뿐, 끝내 지지하지 않았다.

아, 나는 어쩌다 이렇게 상식과 통념에 충실하고 보수적이고 배타적인 인간을 사랑하게 되었을까. 휴, 한숨이 신음처럼 흘러나왔다.

이런 그가 내가 인어였다는 걸 알게 된다면, 아마 나를 '괴물'쯤으로 간주하지 않을까. 인어들 중에서도 내가 인간을 사랑한다는 걸, 그래서 인간으로 전신轉身한 것을 혐오스럽게, 수치스럽게 여기고 수군거리는 작자들이 얼마간 있다는 걸 안다. 그럼에도 불구하고, 내가 사랑하는 것은 괴물이 아니라 당신이다. 나와 당신의 '차이'와 '간격'에서 나는 매혹을 느꼈지만, 당신은 혐오스러워할 수도 있다는 것, 이것이 나의 과거를 난처한 비밀로 만든다.

내가 뭔가 말을 못한다면, 그것은 '커밍아웃'이 어렵다는 것과 연관이 있다. 커밍아웃이 어렵다는 것은 내가 원하는 게 사랑의 일방적인 선언이 아니라 당신과 맺는 관계이기 때문이다. 당신이 내 말을 들을 준비가 되어 있어야 한다는 것이다. 당신에게 나의 진실을 감당할 마음이 생겨나야 하는 것이다. 진실의 고통 속으로 뛰어들 사랑의 용기가 당신에게 없다면, 나는 펜을 들었지만 당신에게 무슨 말도 섣불리 꺼낼 수가 없다. 나는 진짜 벙어리가 된다.

나에게 글쓰기를 부추겼던, 그리고 이제는 전생 혹은 후생에서 걸어나온 존재처럼 느껴지는 어느 여자애가 내게 수전 손택이라는 작가를 소개해주었다. 레즈비언으로서의 자신을 맞닥뜨린 수전 손택이 말했다. "오르가슴을 느끼기 위해 내 삶을 바꾸었다." 드디어 "글을 쓰고 싶은 강한 욕구를 느낀다". 나는 아직 막연하지만, 그녀가 무슨 말을 하고 있는지 알 것 같다. 수전 손택은 또 내게 눈을 찡긋해 보이면서 다음과 같은 말도 남겼다. "'무엇'에 대해서든 철학을 할 수 있어요. 예를 들어서 사랑에 빠지면 사랑이 뭔지 생각하기 시작하잖아요."

나는 정말 사랑이 뭔지 생각하기 시작했던 것이다. 어느 시인이 말했다. "詩여, 너는 내게 단 한 번 물었는데/ 나는 네게 영원히 답하고 있구나."[2] 나는 이렇게 쓰겠다. "사랑이여, 너는 내게 단 한 번 물었는데/ 나는 네게 영원히 답하고 있구나."

그러나 각오해야 할 것이다. 에밀 시오랑이 말했듯이. "불행한 이가 일단 통찰력을 가지면 더욱 불행해지기 마련이다. 기만하거나 물러설 방법이 없기 때문이다." "해뜨기 전이 가장 어둡다."

---

2) 심보선, 「시인의 말」, 『눈앞에 없는 사람』.

그럼에도 불구하고 괜찮아

"싸이코가 아니라요, 싸이보그인데요."
—박찬욱, 〈싸이보그지만 괜찮아〉

매일 새벽 4시에 알람이 울리도록 맞춰져 있는 외판사원 그레고르 잠자의 침대에서 어느 날 아침에 벌레 한 마리가 잠에서 깨어난다. 카프카의 소설 『변신』의 너무나 유명한 첫 장면이다. 침대를 뒤흔들었을 알람 소리에도 잠이 깨지 않았던 그레고르 잠자는 6시 반을 지나 벌레로 변신한 채 눈을 뜨게 된다. 흉측한 벌레 모양의 그레고르는 이제 가족 공동체 안에서 은폐해야 할 비밀이자 치부가 된다. 아무도 그레고르에게 '벌레지만 괜찮아'라고 말해주지 않았다.

아무도 '벌레지만 밥 먹어도 괜찮아'라고 말해주지 않았고, 음식다운 음식의 세계에서 배제된 그레고르는 점차 '먹기'에 환멸을 느끼며 '단식 광대'처럼 굶기 시작한다.[1] 그러던 어느 날 저녁, '벌레-그레고르'는 누이동생이 연주하는 바이올린 소리에 이끌려 가족들과 하숙인들이 담소를 나누는 자리에 모습을 드러내게 된다.

사람들은 경악한다. 사람 크기의 벌레란 괴물의 전형적인 형상이 아닌가. 그러나 카프카는 '벌레-그레고르'의 내면에 들어갔다 나온 것처럼 다음과 같이 썼다. "음악이 그를 이토록 사로잡는데 그가 한 마리 동물이란 말인가? 마치 그리워하던, 미지未知의 양식에 이르는 길이 그에게 나타난 것만 같았다." 밥 대신 음악을 양식으로 삼고 싶었던, 그토록 예술적인 영혼을 가진, 카프카의 벌레는 지독하게 외로웠다. 외로움이 끝내 벌레를 죽였다.

'인어지만 괜찮아, 그가 그렇게 말해준다면 얼마나 좋을까.' 인어 아가씨는 저녁식탁 위의 생선요리를 구슬프게 바라보면서 혼자 그런 생각을 하곤 했다.

카프카의 『변신』이 아무도 '벌레지만 괜찮아'라고 말해주지 않는 비정한 세계를 그렸다면, 박찬욱의 독특한 로맨틱 코미디 영화 〈싸이보그지만 괜찮아〉는 그 제목처럼 '싸이보그지만 괜찮아'라고

---

1) 카프카 특유의 짧은 이야기, 「어느 단식 광대」에 등장하는 '단식 광대'의 '예술적 굶기'는 소설 「변신」의 어느 지점에 이르면 '벌레-그레고르'가 취하는 태도로 나타난다. '벌레-그레고르'는 "사람이란 먹기 위해 이빨을 필요로 하며, 이빨이 없는 제아무리 멋진 턱이 있다 한들 아무것도 처리해낼 수가 없다는 사실을 보여주기라도 해야겠다는 듯이" 음식을 씹고 있는 '이빨 소리'를 들으면서, 이렇게 중얼거린다. "그러나 저런 것들을 먹고 싶지는 않아. 저들이 먹고 사는 대로라면, 나는 죽고 말겠다!" '벌레-그레고르'의 혼잣말을 '단식 광대'의 대사로 바꾼대도 무방할 것이다.

말해주는 한 사람이 곁을 맴도는 사랑의 서사를 들려준다. 영화 속 배경은 '신세계 정신병원', 남녀 주인공은 자신을 싸이보그라고 여겨서 음식을 먹으면 기계 고장을 일으킬 거라 생각하는 '영군'(임수정)과 자기가 소멸될지도 모른다는 두려움을 가지고 있으며 다른 사람의 특징을 훔칠 수 있다고 생각하는 '일순'(정지훈).

일순의 '두려움'과 '능력'은, 그의 고백이 드러내듯이, 매우 긴밀한 연관성이 있다. "우리 엄마 아빠는 내가 옆에 있는데도 안 보이는 것처럼 굴었어요. 그래서 내가 도둑질을 잘하는 거예요. 가끔 안 보이니까. 나는 안티 소멸이에요, 안티 소셜이 아니라." 이 영화에서 일순의 특이성은 정신병적인 소견이 아니라 사랑의 능력으로서 발휘된다. 의학 지식으로 무장한 의사들은 아사餓死 직전에 처한[2] '영군'에게 '너는 싸이보그가 아니니까 무조건 밥을 먹어야 한다'고, 그녀의 정체성을 어떻게든 교정하여 문제를 해결하려고 한다. 반면에 일순은 영군의 환상 속으로 들어가 '싸이보그여도 괜찮고, 싸이보그지만 밥 먹어도 괜찮다'고 말해주는, '공감하는' 인물이다. 일순이 영군의 부탁으로 그녀에게서 훔친 것은 (그녀의 사이보그로서의 정체성을 위협하는) '동정심'이다. 박찬욱 감독의 말대로[3] 이 영화에서 '동정심'은 '공감'과 같은 뜻을 지니고 사랑의 기적을 불러일으킨다. 그는 그녀에게 음식을 기계적인 에너지로 바꾸어주는 장치를 몸속에 넣어주는 수술(의식)을 소꿉놀이처럼 치

---

[2] 영화 촬영 기간에 영군 역을 맡은 임수정은 몸무게를 39킬로그램까지 감량했다고 한다.

르고, 함께 식탁에 앉아 싸이보그가 밥 먹어도 괜찮게 된 역사적인 날을 축하하는 축배를 들듯이 같이 숟가락을 든다. 박찬욱의 말대로[4], '소꿉놀이' 같지만 이 소꿉놀이 속에서 천진한 사랑의 능력은 재크의 콩나무처럼 쑥쑥 자라난다.

사랑하는 사람이 괜찮다고 말해주면, 다 괜찮을 것 같다. 그럴 것 같은 순간이 있고, 그런 순간이 있다. 가끔 나는 내게 '괜찮다'

---

3) "기적을 이루게 한 힘은 '공감'이고 '동정심'이었죠. 그러고 보니 영어에서는 그게 한 단어 아닌가요? 또 그러고 보니 〈복수는 나의 것〉하고 〈친절한 금자씨〉의 영어 제목에 다 같이 바로 그 단어 'sympathy'가 들어 있지 않던가요? 그런 영화를 만들어놓고 〈싸이보그지만 괜찮아〉를 해보니 증오보다 사랑을 말하기가 한결 어렵다는 사실을 알게 되었습니다. 위선자처럼 보이지 않으면서 사랑을 이야기하기란 여간 어려운 일이 아니더군요. 저는 톡톡히 고생했으니 부디 여러분이라도 즐기시기를. 그러면 다 괜찮아집니다."

4) "〈싸이보그지만 괜찮아〉는 소꿉장난 영화입니다. 아이들이 모여 엄마, 아빠, 딸, 아들, 의사, 간호사 역할도 나눠 갖고 오종종한 그릇 따위를 들었다 놨다, 살림살이 흉내를 내며 놉니다. 여기서 아이들은 자기 역할을 확고하게 가지는 법입니다. 하지만 현실에서 우리는 자기가 어떤 존재인지, 세상에 왜 필요한지 영 알 수 없어 고통스럽습니다. 그 병을 심하게 앓는 이들이 '신세계 정신병원'에 모였습니다. 어른이 보기에 한심한 일종의 가상 세계 속에서 아이들은 나름의 논리와 일관성을 세웁니다. 조현병 환자들 역시 저마다의 체계를 만들어놓고 거기 들어가 삽니다. 신세계 정신병원은 하나의 세계, 일종의 커다란 유치원입니다. 환자들의 망상 하나하나가 독자적인 우주입니다. 그 우주들이 온통 뒤죽박죽 섞이는 대소동이 벌어집니다. 실제 병원에서는 일어날 수 없는 일, 일종의 기적입니다."

는 말을 천천히 또박또박 중얼거린다. 그러면 비록 잠깐이라도 내 마음 한구석에서 평온이 퍼져나가는 것이다. 한 시인은 눈 내리는 풍경에서, '괜찮다, 괜찮다, 괜찮다, 괜찮다고 속삭이듯 내리는 눈'을 보았다. 대지를 덮는 하얀 눈송이들을 머릿속에 그리면서 그 시 구절을 중얼거리다보면 눈송이는 내 마음을 다독이는 누군가의 손길처럼 내려앉는다. 그러므로 사랑하는 사람의 목소리로 그런 눈송이 같은 '괜찮다'는 말을 듣는다면, 다 괜찮은 것이다. 사랑의 관계에서는 그런 기적적인 순간이 피어나기도 하는 것이다.

괜, 찬, 타, ······
괜, 찬, 타, ······
괜, 찬, 타, ······
괜, 찬, 타, ······
수부룩이 내려오는 눈발 속에서는
까투리 메추라기 새끼들도 깃들이어 오는 소리······
괜, 찬, 타, ······ 괜, 찬, 타, ······ 괜, 찬, 타, ······ 괜, 찬, 타, ······
포그은히 내려오는 눈발 속에서는
낯이 붉은 처녀 아이들도 깃들이어 오는 소리······

—서정주, 「내리는 눈발 속에서는」 중에서

'괜찮다'가 사랑의 서술어라면, '그럼에도 불구하고'는 사랑의 접속어다. '그럼에도 불구하고 괜찮다'는 사랑의 문법이다. 이 사랑의 문법으로 황정은의 소설 『백의 그림자』의 잊지 못할 아름다운 한 장면이 완성되었다. 이 장면에 각별히 주목했던, 『백의 그림자』의 해설을 쓴 평론가 신형철은 이 소설을 두 문장으로 요약하면 다음과 같다고 했다. "이 소설은 우선 은교와 무재의 사랑 이야기로 읽힌다. 그러나 이 사랑은 선량한 사람들의 그 선량함이 낳은 사랑이고 이제는 그 선량함을 지켜나갈 희망이 될 사랑이기 때문에 이 소설은 윤리적인 사랑의 서사가 되었다." 다음은 은교와 무재가 사랑의 문법으로 대화를 나누는 장면이다.

나는 쇄골이 반듯한 사람이 좋습니다.
그렇군요.
좋아합니다.
쇄골을요?
은교씨를요.
⋯⋯나는 쇄골이 하나도 반듯하지 않은데요.
반듯하지 않아도 좋으니까 좋은 거지요.

나는 쇄골이 반듯한 사람'들'을 좋아하지만, 당신은 그런 사람들 중의 한 명이 아니라, 그 어떤 제한에도 구속되거나 분류되지 않는 오직 한 사람일 뿐이다. 쇄골이 반듯하지 않음에도 내가 좋아하는 한 사람. 당신은 유일하고 예외적인 존재다. 쇄골이 반듯하다는 이유로 누군가를 좋아한다면, 그건 누군가의 그 쇄골을 좋아하는 것이 될 것이다. 그렇지만 쇄골이 반듯하지 않음에도 불구하고 누군가를 좋아한다면 나는 그 누군가를 그 자체로 좋아하는 것이다.

    만약 당신이 '왜' 나를 사랑하느냐고 묻는다면, 사랑할 만한 더 그럴듯한 이유를 찾으려고 궁리하지 말고 차라리 사랑하기에 곤란한 그런 조건들을 뒤져보길. 그렇지만 이상하기도 하지, 그럼에도 불구하고 나는 당신이 너무 좋다고, 사랑의 고백은 그렇게……

    그러나 '그럼에도 불구하고'는 사랑을 거절할 때도 등장한다. 당신은 멋지고 유쾌하고 똑똑한 사람, 그럼에도 불구하고…… 내 사랑은 아니네.

이 세상에 같은 사람은 없네

"만약 네가 나를 길들인다면……
난 네 발걸음 소리와 다른 발자국 소리를 구별하게 될 거야.
다른 발자국 소리는 나를 땅 밑으로 숨게 할 테지만,
너의 발자국 소리는 마치 음악처럼 나를 밖으로 불러낼 거야!"
—생텍쥐페리, 『어린 왕자』

"이 세상에 같은 사람은 없네"(기형도,「그 집 앞」). 이별의 장소가 되고 만 그 뼈아픈 상처의 술집을 다시 찾아간 어떤 한 사내가 '그 집 앞'에서 중얼거린 문장이다. 잃어버린 사랑 때문에 비틀거리고 있는 이 사내에게도 필시 또다른 새로운 사랑이 찾아오겠지만, 그리고 설령 새로운 사랑이 옛사랑의 상실감을 완전히 메운다 해도, '이 세상에 같은 사람은 없다'라고 하는 이 명제는 언제나 유효하다. 지나간 사랑도 이 세상에 단 하나뿐인 존재와의 사건이었고, 새로운 사랑도 이 세상에 단 하나뿐인 존재와 시작하는 것이다.

사랑의 관계는 한 존재를 대체 불가능한 유일하고 고유한 존재로 발견하고 발명하는 신비한 장치다. 그러므로 사랑은 한 존재를 빛나게 한다. 나의 사랑은 너를 빛나게 한다. 또한 너로 인해 나도 특별해진다. 내가 사랑하는 네가 나를 사랑한다면, 어쩐지 나는 그런 나를 좋아할 수 있을 것 같다. 나는 타인을 사랑하면서 나를 더 깊이 알게 되고 사랑할 수 있게 된다. 그래서 사랑을 하면 더 예뻐진다고 하지. 그래서 사랑을 하는 사람들은 생동감이 넘치고 뭔가 반짝반짝하지.

사랑에 빠진 나는 너에게 특별한 집중력을 발휘한다. 나의 촉수는 가장 섬세하고 민감하게 너를 향해 뻗어나간다. 너만이 가진 목소리, 체취, 제스처, 말투, 표정, 습관 같은 것들이 내게는 너무나 각별해. 그러므로 "난 네 발걸음 소리와 다른 발자국 소리를 구별하게 될 거야. 다른 발자국 소리는 나를 땅 밑으로 숨게 할 테지만, 너의 발자국 소리는 마치 음악처럼 나를 밖으로 불러낼 거야!"

사랑은 눈이 머는 것이라고, 그렇게들 말한다. 사랑 때문에 보이지 않는 것이 있다는 말에 나는 경험적으로 동의하지 않을 수 없다. 그러나 사랑하기 때문에 보이는 것이 있다는 말에도 나는 전적으로 동의한다. 그 또한 경험상 수긍하지 않을 수 없는 사실이다. 사랑하지 않았다면 볼 수 없었고 알 수 없었던 것들이 있었다. 나와 그대가 사랑의 관계라면, 엘뤼아르의 시구절이 언젠가는 우리가 마주보고 부르는 듀엣곡이 될지도 모른다. "그대가 나를 아는 것 이상으로/ 사람들이 나를 알 수 없으리." "내가 그대를 아는 것 이상으로/ 사람들이 그대를 알 수 없으리."(「사람들은 나를 알 수 없으리」)[1]

사람들은 나를 모르지만 그대는 아는 것, 그중 한 가지만 내게 말해줄래요? 나는 당신이 아는 내가 궁금해요.

앞에서 "(쇄골이) 반듯하지 않아도 좋으니까 좋은 거지요"라고 말했던 무재씨를 잊진 않았는지. 무재씨가 이번에는 '가마'를 화두로 꺼낸다. 사랑이라는 말 한 번 쓰지 않고도 모든 대화를 사랑의 대화로 만드는 사랑스러운 주인공들, 무재와 은교가 등장하는 또 다른 장면이다.

가마가 말이죠, 라고 무재씨가 말했다.
전부 다르게 생겼대요. 언젠가 책에서 봤는데 사람마다 다르게 생겼대요.
그렇대요?

1) 이 '사랑의 듀엣곡'은 사랑의 절정에서 울려퍼지지만, 절정이란 불행히도 낙하의 시간을 예감하고 있어서 한편으로 불길한 법. 사랑하기에 가능한 섬세한 앎, 예민한 앎이 사랑의 지속 가능성을 보증하지는 않는다. 생텍쥐페리의 『어린 왕자』에서 '사랑한다는 것'은 '길이 든다는 것'이었고, '길이 든다는 것'의 의미는 '서로가 서로에게 유일무이한 존재가 된다'는 것이었다. 어린 왕자의 세계에서 사랑은 시간의 '도움'을 받는다. 그러나 인간의 사랑은 시간의 '시험'을 받는다. 시간을 견디는 사랑은 그리 많지 않다. 인간에게 있어서 '길이 든다는 것', 서로를 조금씩 알게 되고 마침내 당신의 발걸음 소리와 머리카락의 질감까지 알게 된다는 것은 사랑을 더욱 두텁고 깊게 만드는 한편으로, 이제 다 알아버렸다고 생각하는 그 누군가는 존재에 대한 신비와 호기심을 잃어버린다. 설레는 호기심이 사라지면 사랑의 앎은 무뎌지고 평이해지고 비슷비슷해진다. 누군가는 그것을 '사랑'이 아니라 '정情'이라고 말하는 때가 오고, 또 누군가는 '삶이 지루해졌다'고, '사랑이 식었다'고 뇌까리는 때를 맞게 되는 것이다.

그런데도 그걸 전부 가마, 라고 부르니까. 편리하기는 해도, 가마의 처지로 보자면 상당한 폭력인 거죠.

무재씨 얘길 듣고 생각해보니, 나도 내 가마가 정확히 어떻게 생겼는지 모르고 있네. 나만 그런 건 아닐 것이다. 자기가 자기 가마 모양을 확인하기는 쉽지 않으니까 말이다. 거울에 가마 모양이 비치게 머리를 수그리고서 거울을 들여다보는 건 인체 구조상 아무래도 어렵고 또한 우스꽝스럽기 짝이 없다. 보통은 가마 모양을 구분하는 데 있어서, 가마를 두 개 가진 사람은 결혼을 두 번 한다는 속설 때문에 쌍가마에 대한 예민함(편견)이 있는 정도가 고작일 것이다. 미용사라면 직업의 특성상 가마의 모양에 대해 좀더 세심한 식별 능력이 있을지 모르겠다. 관상을 보듯이 가마를 보는 사람도 있다고 한다.[2] 그런 전문가는 아니지만, 연인의 머릿결, 가마 모양, 헤어스타일에 관해서라면 우리는 한결 예민해질 수 있다. 그것이 연인의 것이라면, 이 세상에 같은 가마는 없는 것.

그래서 김춘수는 이런 사랑의 시, 「네 모발」이라는 제목의 시를 쓰게 됐을 것이다.

---

[2] 혹시 헤어올테라피(hair whorl therapy)라는 걸 들어봤는지 모르겠다. 헤어올(가마)에는 사람마다 고유한 코드가 있다는데, 헤어올테라피는 가마의 흐름을 바로잡아주고 각자가 가진 고유한 코드에 적합한 헤어스타일을 찾아줌으로써 전신의 에너지가 원활하게 순환하도록 돕는다고 한다. 이는 광고 전단지에서 주워들은 내용이다.

여름은 가고
네 모발을 생각한다.
가을이 와서 낙엽이 지면
네 모발은 바다를 건너
더욱 깊이 내 잠 속으로 오리라.
(······)

이 시에는 화가 이중섭(1916~1956)이 앓았던 그리움이 얼비치고 있다.[3] 6·25 전쟁중에 일본인 아내와 두 아이를 바다 건너 일본으로 떠나보내고 혈혈단신 홀로 남아 어딜 가나 가난과 외로움 속을 전전하면서 그림을 그렸던 화가 이중섭. 그러나 이 시를 감상하기 위해서 딱히 이중섭의 삶을 떠올려야만 하는 건 아니다. 헤어진 연인을 못내 그리워하는 자라면 누구라도 이 시의 화자가 될 수 있다. 네가 없는 이곳에서 나는 바람에 흩날리던 너의 머리카락을 생각한다.

그런데 하필 왜 머리카락인가. 얼굴은 정체성의 징표다. 우리는 얼굴을 보고서 사람을 식별하고 그의 이름을 부른다. 그러나 얼굴의 뒷면, 뒤통수를 덮는 모발은 식별이 불가능한 익명적인 영역이다. 그녀의 모발은 이름을 숨기고 있다. 그녀의 모발은 그녀의 얼

---

[3] 김춘수가 쓴 「이중섭」 연작시 중에서 이 시를 연상시키는 "지금 아내의 모발은 구름 위에 있다", "아내는 모발을 바다에 담그고 눈물은 아내의 가장 더운 곳을 적신다"와 같은 구절을 찾아낼 수 있다.

굴보다 비밀스럽다. 내가 사랑하는 너의 것이 아니었다면 우리에게 모발은 지극히 익명적인 뭉치일 뿐이다. 사랑이라는 내밀한 사건이 없이는 세상의 모든 깜깜한 머리털 속에서 유일한 머리털, 고유한 이름을 가진 모발은 태어날 수 없다. 사랑하는 대상을 향해 스미는 감각의 능력은 비슷비슷한 인상의 뭉치들 속에서 놀랍게도 미묘한 차이, 특별한 차이를, 그 유일무이한 고유성을 발견해내고 구원한다. 그녀가 떠나고, 여름이 가고, 그렇게 사라진 모발을 나는 내 빈 손끝에 남겨진 감각으로 피어올린다. 헤어스타일이 아니라 너의 모발을 생각한다는 것은 너를 보았다는 것이 아니라 너를 만졌다는 것이다. 그러므로 그녀의 모발은 그녀의 얼굴보다 가깝다. 그녀의 모발은 그녀의 얼굴보다 에로틱하다.

"내가 그의 이름을 불러주었을 때 그는 나에게로 와서 꽃이 되었다"(「꽃」)라는 구절은 시인 김춘수와 더불어 가장 잘 알려진 문장이다. 너의 얼굴을 떠올리면서 네 이름을 부를 수 있는 사람들은 제법 있을 거야. 그중에서 너의 어두운 머리카락을 쓸어보았던 손길의 감각으로 네 이름을 뜨겁게 부르고 있는 이 사람은 누굴까. 분명한 사실은, 이 사람은 너를 사랑했고 지금도 아프도록 너를 사랑하고 있다는 것.

사랑은 모발의 개별성을 발견하는 희귀한 사건이면서, 또한 출렁이고 흩날리는 머릿결처럼 체험되며 기억된다. 이 시에서 나는 좀 엉뚱하게도 '사랑은 모발이다'라고 말하고 싶어진다. 사랑의 몸짓과 영혼은 그녀의 머리로부터 자라나와 그녀를 떠날 듯 바람에 흩날리는 저 규정할 수 없는 머리카락을 닮았다. 나는 지금 연인들이 해변이나 잔디밭에서 곧잘 벌이는 놀이를 연상하고 있다. 연인들은 도망가고 쫓으면서 연신 까르륵거린다. 엘렌 식수의 문장으로(『출구』) 묘사하자면,

> 날아간다는 것. 그것은 여자의 동작이다. 언어 속에서 날고, 언어를 날게 한다. (……) 여자는 새와 도둑을 닮았다. 마치 도둑이 여자와 새를 닮은 것처럼. 그 남녀는 지나간다. 도망간다. 즐겁게 공간의 질서를 뒤흔들어놓고, 공간의 방향을 흐트러뜨려놓으며,

엘렌 식수는 '날아간다는 것이 여자의 동작'이라고 했는데, 그것은 또한 사랑의 동작이라고도 할 수 있다. 바람에 날리는 머리카락은 여자의 동작을 환기하고 사랑의 동작을 형용한다.

인어공주는 그네에서 그러한 속성을 간파한 바 있었다. 그녀는 이렇게 썼다. "그네에 몸을 싣자, 새처럼 날아오르고 싶었어요. 나는 왜 현기증을 느끼면서 행복해질까요? 그네는 줄에 매인 새. 멀리 날아오를 수 없었어요." 그때, 인어공주의 머리카락은 어디로 흩어졌을까. 그녀의 마음은 어디로 솟구쳤을까. 바람에 흩날리는 그녀의 머리카락을 보았다면, 당신의 마음도 공중에 떠오른 듯이 울렁거렸을 것이다.

세이렌의 노래를 들어라

모든 사랑은 익사의 기억을 가지고 있다
—진은영, 「오필리아」

슬라보예 지젝은 『폭력이란 무엇인가』라는 책에다가 다음과 같은 문장을 인용했다.

> 사랑에 빠져본 적 있나요? 끔찍하지 않나요? 사랑은 당신을 상처받기 쉬운 상태로 만들죠. 사랑은 당신의 가슴을 열고 마음을 열어놓지요. 그건 누군가가 당신 안으로 들어와 당신을 혼란에 빠뜨린다는 의미입니다. (……) 나는 사랑이 싫습니다.
> —닐 게이먼의 그래픽 노블 『샌드맨』

그렇지만, 어쩔 수 없이 나는 또 당신에게 사로잡힌다. 사랑을 둘러싼 서술어들, 가령 '끌린다, 꽂힌다, 빠진다'와 같은 단어는 '나'보다 '사랑'이 더 세다는 것을 말해준다. '나'는 '사랑'에 매번 진다. 그래, 그래, 내가 지고 있는 동안이 내가 사랑하고 있는 동안이었다.

　이를테면, 베르테르는 로테를 보지 않겠다고 결심하지만, "날이면 날마다 유혹에 굴복하고는, 내일은 찾아가지 않겠다고 엄숙하게 다짐"하는 게 고작일 따름이다. 위의 인용문, "……나는 사랑이 싫습니다"는, 베르테르가 내일은 로테를 찾아가지 않겠다고 엄숙하게 다짐할 때, 그런 밤에 머리를 흔들며 중얼거리는 문장일 수도 있다. 그렇지만 아침이 되면 베르테르는 로테를 보러 갈 구실을 찾느라 또다시 전전긍긍할 것이다. 그런 아침에 베르테르는 반문한다. "그녀가 전날 저녁에 '내일 또 오실 거죠?'라고 물었는데, 어떻게 가지 않을 수 있겠는가?" 이렇게 그녀를 찾아갈 구실을 찾았으면, 그는 그녀라는 자석에 끌려가는 쇳조각처럼 "눈 깜짝할 사이에 그녀 곁에 있"게 된다.

　베르테르는 자신의 상황을 친구에게 이렇게 설명하였다. "옛날에 우리 할머니께서 가까이 다가오는 배의 쇠붙이란 쇠붙이는 모조리 끌어당긴다는 자석산 이야기를 들려주셨다네. 못들이 일제히 자석산을 향해 날아가고, 가련한 인간들은 와르르 무너져내리는 널빤지 틈에 끼어 난파하는 신세가 된다네." 친구여, 그것이 바로 사랑에 빠진 나의 신세라네.

　비틀스가 노래하는 〈Help!〉는 바로 그런 처지에서 나오는 사랑의 외침이었을 것이다. "도와주세요(Help)! (……) 독립심은 아지랑이 속으로 사라진 것 같아요(My independence seems to vanish in the haze)." 당신과 사랑에 빠지기 전에는 난 누군가의 도움이 크게 필요치 않았는데, 나는 비교적 독립적인 인간이었는데 말이죠. 사랑에 빠진 나는 당신이 곁에 없으면 이제 두 발로 서 있을 수도 없을 것 같아요. 이제 나를 도와줄 수 있는 사람은 당신뿐이에요. 당신 곁에, 당신 곁에 내가 있도록 해주세요.

니체는 "하루에 3분의 2를 자기 마음대로 쓰지 못하는 사람은 노예"라고 했는데, 하루종일 당신 생각에 매여 있는 나는 사랑의 노예. 그래서 한용운이 이렇게 노래하지 않았던가. "자유를 모르는 것은 아니지만/ 당신에게는 복종만 하고 싶어요."(「복종」) 당신을 향해 움직이는 욕망에 나는 저항하지 않고 복종하고 싶다. 그것은 능동적인 의지가 아니라 수동적인 내맡김이다. 사랑에 빠진 나는 이 상태에 계속 머무르고 싶어한다. 독립적이고 자유로운 존재로 해방되고 싶어하지 않는다.

이 상태 안에 있는 나는 그 누구한테서보다도 당신에 의해서 상처받기 쉬운 존재다. 사랑은 존재를 상처받기 쉬운 상태로 만들어버린다.

> 어지러워한다는 것(현기증)은 자신의 약함에 도취되는 것이다. 사람들은 자신의 약함을 알고 있지만 저항하려고 하지 않고 그것에 탐닉해버린다. 사람들은 자신의 약함에 취하고 더 약해지기를 바라며 많은 사람들이 지켜보는 큰길에서 주저앉기를 원한다. 땅바닥보다 더 낮은 곳에 쓰러지기를 바라는 것이다.
> ―밀란 쿤데라, 『참을 수 없는 존재의 가벼움』

'현기증'이란 무엇인가. 밀란 쿤데라는 이 '현기증'이라는 용어를 『참을 수 없는 존재의 가벼움』의 주요 등장인물 중 한 명인 테레사라는 여자를 이해하기 위한 키워드라고 했는데,[1] 나는 바로 이 대목에서 사랑에 상처 입은 사람에게 찾아드는 모종의 욕구, 단지 테레사의 것이라고만 할 수 없는 어떤 감정적 무너짐을 본다. 사랑의 "헬프 미(Help me)!"를 외치는 순간에 나는 나의 약함에 어느덧 깊이 젖어들지 않았던가. 아무도 나를 도울 수 없고 나는 이렇게 쓰러져가는데…… 당신은 나를 쳐다보지도 않네.

사랑에 빠진 나는 한없이 약하고, 나를 매혹시킨 당신은 '자석산'이나 '세이렌'처럼 거부할 수 없이 강력하다. 그리스 신화의 세이렌이나 『천일야화』의 자석산 이야기가 사랑의 은유로 읽힐 수 있는 것은, 에로스의 운동에너지가 나와 당신 사이의 안전거리를 한순간에 무너뜨리고 서로의 타자성 속으로 뒤섞이고 휩쓸리게 하기 때문이다. 자석산 이야기나 세이렌 신화를 들려주었던 많은 이야기꾼들은 위협적인 타자성에 대한 경고의 메시지를 덧붙이곤 하였다. 오래된 이야기 속에서 자석산은 파괴충동의 화신처럼 솟아 있고, 세이렌은 죽음충동을 빨아들이고 있지 않은가.

안데르센의 인어공주 이야기에서 별로 조명을 받지는 못했지만 한구석에서 조용히 챙긴 것이 많은 캐릭터가 바다 마녀다. 바다 마

---

[1] "현기증은 테레사를 이해하는 열쇠예요. 당신이나 나를 이해하기 위한 열쇠어는 아니죠. 그렇지만 당신이나 저나 적어도 이런 종류의 현기증이 우리의 가능성이라는 것, 실존의 가능성이라는 것은 알고 있지요. 저로서는 이런 가능성, 이런 현기증을 이해하기 위해서는 테레사라는 '실험적 자아'를 만들어내야만 했던 겁니다."(밀란 쿤데라, 『소설의 기술』)

녀는 인어공주에게서 세상에서 가장 아름다운 목소리를 얻어냈고, 인어공주의 언니들로부터 아름다운 머리카락을 득템하였다. 그렇게 하여 바다 마녀는 아름다움과 치명적인 위험을 결합한 세이렌, 바다의 팜므파탈이 되었을 것이다. 물론 안데르센은 그녀에게 더 이상의 지면을 할애하지 않았지만, 인어공주의 이야기 바깥에서 그녀의 유혹적인 마력은 더욱더 막강해지고 위험해졌을 것이다.

그러나 치명적인 아름다움을 소유한 마녀는 어쩌면 자아의 안정성에 혼란을 초래하는 사랑에 대한 두려움이 거꾸로 낳은 결과물일지도 모른다. 말하자면, 사랑에 빠진 자아가 경험하는 혼돈으로부터 나 자신을 보호하기 위해서 나는 거꾸로 나를 홀린 매혹적인 타자에게 마녀라는 죄목을 뒤집어씌우는 것이다. 거꾸로 뒤집어씌우는 죄목이 소위 마녀이기도 하다는 것이다. 마녀가 많았던 걸 보면, 카오스에 관한 한 아무래도 남자들이 더 많이 겁을 집어먹는 모양이다.

그러나 "욕망이여 입을 열어라 그 속에서/ 사랑을 발견하겠다"(「사랑의 변주곡」)고 노래했던 시인 김수영은 '혼돈의 지대' 속에서 새로운 가능성을 맘껏 모험하고 향유할 것을 선언했다. 이를 황병승식으로 말하자면, "사랑의 가치, 진정한 사랑의 가치란 주어진 모든 시간과 열정을 바쳐 서로에게 치유할 수 없는 상처를 주고 그 상처 속에서 고름 같은 사유를 멈추지 않는 데에 있다. 말하겠어요"(「헬싱키」). 사랑의 혼돈에서, 사랑의 상처에서, 나는 지나치게 생각하고, 느끼고, 찢기고, 변하고, …… 그렇게 하여 재발명된다. 나는 불가능할 것 같은 높이로 솟구쳐오르기도 했으며, 불가능할 것 같은 깊이에로 내려가 존재의 밑바닥을 하염없이 만지기도 하였다.

김수영이 불의의 교통사고로 갑자기 세상을 떠나기 불과 두 달 전 어느 문학 세미나에서 발표했던 원고, 「시여, 침을 뱉어라」 (1968. 4)는 그의 시학의 핵심을 강렬하고 선명하게 세상에 내보였다. 김수영 시학의 키워드는 사랑이다. 이 사랑은 '모호성', 타자의 불투명성으로부터 싹이 튼다.

그는 자신의 정신을 첨단으로 밀어붙인 끝에서 '모호성'을 발견한다.[2] 내가 이미 '아는 것'을 통해 나의 한계를 벗어날 수는 없는 법이다. 나의 한계를 돌파하기 위해서는, 즉 "나를 죽이고 타자가 되는 사랑의 작업"(「로터리의 꽃의 노이로제」)을 해내기 위해서는 내 앎의 지평을 끝내 벗어나서 낯설고 모호해져버린 상태를 인정하고 긍정하면서 혼돈 속으로 뛰어들어야 한다. "딴사람―참 좋은 말이다. 나는 이 말에 입을 맞춘다"고 김수영은 말했다. 자기 시의 진경進境이 "딴사람의 시같이" 되는 데 있다고도 말했다. 타자성이 불러일으키는 혼돈을 김수영은 이처럼 열렬히 예찬하였다. 그러므로 김수영의 문장은 이렇게 변주될 수도 있을 것이다.

혼돈이여, 입을 열어라. 그 속에서 사랑을 발견하겠다.

---

[2] "나의 시에 대한 사유는 아직도 그것을 공개할 만한 명확한 것이 못 된다. 그리고 그것을 조금도 부끄럽게 생각하고 있지 않다. 이러한 나의 모호성은 시작詩作을 위한 나의 정신 구조의 상부 중에서도 가장 첨단의 부분을 차지하고 있는 것이고, 이것이 없이는 무한대의 혼돈을 위한 유일한 도구를 상실하는 것이 되기 때문이다."(「시여, 침을 뱉어라」의 첫 부분)

물고기의 침묵

6월 20일.

어항 속 물고기는 듣는다
창가에 넘쳐흐르는 새의 노래와
"당신도 노래를 아시오?"
새의 질문을
물고기는 듣는다
"수고하시오 물고기 선생"
새의 작별을

물고기도 답례한다
지느러미를 흔들며
물 풍선 두 개.

―황병승, 「물고기의 노래」

　당신은 물고기의 노래를 들어본 적이 있나요? 물고기의 비명 소리 들어본 적은 있나요?
　물고기는 인간에게는 완전히 침묵하는 동물이라서, 여느 평범한 여인네들도 도마 위에 팔딱이는 물고기를 올려놓고 칼을 내리칠 수가 있는 거예요. 물고기가 소나 돼지처럼 소리를 질러 공포와 고통을 표현하는 동물이었다면 벌레도 못 죽이는 어린 새댁으로서는 도끼로 장작을 패듯 물고기를 토막 내기란 불가능에 가까운 끔찍한 요리 숙제였을 겁니다.
　그러나 나는 물고기의 고통을 느껴요. 오늘도 당신은 지저귀는 새 같았고, 나는 어항 속의 물고기 같았습니다. 당신은 칼을 든 것과 마찬가지였고, 나는 도마 위에 조용히 누워 있어야만 하는 처지였습니다. 만약 당신이 "귀기울이는 가슴"[1]을 가졌다면, 침묵 속에 들끓는 나의 노래를 들을 수도 있었을 텐데……
　그러나 당신의 신이 더 아꼈던 것은 인간의 언어가 아니라 물고기의 침묵이었을지도 몰라요. 당신이 진실을 맹세할 때 손을 얹는 경건한 책, 성경에 따르면, 인류에게 구제불능 판정을 내린 후에

---

[1] "아랍어로 어리석음은 귀기울이지 못함을 뜻한다. (……) 눈이 멀거나 팔이 없거나 코가 없는 사람은 세계를 이해할 수 있지만, 청력을 잃은 사람은 중요한 끈이 끊어진 것과 마찬가지여서 삶의 논리의 궤도를 잃어버린다는 것이다."(다이앤 애커먼, 『감각의 박물관』) 그러므로 내게 당신은 참으로 어리석은 남자, 내가 사랑하는 어리석은 남자다.

신이 대홍수를 통해 자신의 피조물들을 모조리 쓸어버리고 완전히 처음부터 다시 시작하기로 작정했던 그때에도 현생의 물고기만큼은 번성한 그대로 내버려두었어요. 물고기는 노아의 방주를 필요로 하지 않았습니다. 대홍수의 시대에 인간은 물고기 꼬리를 가장 부러워했을 거예요. '제발 인어가 되게 해주세요.' 하늘에 구멍이 뚫린 듯 쏟아지는 빗속에 엎드려서 간절히 그런 기도를 올렸던 사람들이 떨어지는 빗방울처럼 많았을 거예요.

눈물의 능력

　울 수만 있다면 울었겠지만, 눈물을 흘릴 수 없는 인어들은 우리보다 더 괴로움을 겪는다.

—한스 크리스티안 안데르센, 『인어공주』

　1199년에 한 젊은 수도사가 브랑방에 있는 시토 수도원으로 눈물의 재능을 얻기 위해 기도하러 떠났다.

—롤랑 바르트, 『사랑의 단상』

　사랑에 대해 존 레논이 수많은 정의를 갖다붙이기 전에 나훈아는 이미 한마디로 간단하게 정의했다. 눈물의 씨앗이라고.

—박현욱, 『아내가 결혼했다』

　눈물의 재능을 얻기 위해 수도원으로 기도하러 길을 떠났다는 어느 수도사처럼 인어공주가 꼭 가지고 싶었던 것 한 가지가 눈물이었다. 안데르센에 따르면, 인간에겐 있는데 인어에게는 없는 것이 세 가지 있는데, 그것이 바로 '다리' '눈물' '영혼'이다. 인어공주는 이 세 가지 중에서 '다리'를 얻어 인간 세상 속으로 걸어들어오지만, 사랑을 이루기 전까진 그녀에게 '눈물'과 '영혼'이 주어지지 않는다. 물론 그것은 안데르센의 생각이었다.

그러나 우리의 인어공주는 이미 안데르센의 상상력을 벗어났다. 안데르센이라는 작가로부터 벗어나서, 그녀가 그녀 자신의 영혼으로 이야기를 쓰기 시작했으니까. "느낌표는 빗방울 같구나, 눈물방울 같구나." 이것은 언젠가 인어공주가 썼던 표현이다. 쉼표(,) 마침표(.) 물음표(?) 느낌표(!) 따위의 문장부호를 가지고 인어공주는 사랑의 속성에 대해 글을 써본 일이 있었던 것이다. 사랑의 쉼표, 사랑의 마침표, 사랑의 물음표, 사랑의 느낌표, 그녀의 마음이 크게 요동칠 때는 그 모든 사랑의 부호가 서로를 밀치고 당기면서 같은 자리에 구멍이라도 낼 기세로 쾅쾅쾅 찍혔다.

중세의 어느 수도승이 눈물을 얻기 위해 기도했던 것처럼, 인어공주는 눈물을 흘리는 얼굴을 가지길 갈구했고 그런 만큼 노력했다. 인간의 그 어떤 분비물보다도 눈물은 뭔가를 표현하고 요청하는 언어적인 속성을 가지고 있다. 드디어 그녀의 눈에 최초로 눈물이 맺혔을 때, 이런 문장들이 그녀의 가슴에 와 박혔다. "작은 눈에서／ 그 많은 눈물을 흘렸던／ 당신의 슬픔은 아직 자랑이 될 수 있다." "당신 눈동자의 맺음새가／ 좋기도 하였다"(박준, 「슬픔은 자랑이 될 수 있다」). "온도 차이 때문입니다. 나는 차가운데, 바깥은 차갑지 않아서, 나는 아픈데, 바깥은 하나도 아프질 않아서, 그래서 이렇게 맺히는 겁니다."(김중혁, 「가짜 팔로 하는 포옹」)

그리고 그녀의 눈에서 눈물이 넘쳐흘렀을 때, 그녀는 소위 말하는 '카타르시스'를 체험했다. 그것을 '감정의 정화淨化'라고 하든지

'감정의 배설'이라고 하든지 간에, 한참 울고 났더니 꽉 막혔던 가슴에 한줄기 길이 생긴 듯 시원한 가을바람이 가로질러 갔던 것이다.

눈물이란 무엇일까. 이 질문 속으로 들어가면 '사람이란 무엇인가'를 생각하게 될 것이다. 그리고 '사랑이란 무엇인가'라는 질문과도 대면하게 될 것이다.

어느 시인은 "사람은 우는 것 사랑은 하는 것"(이제니, 「얼굴은 보는 것」)이라고 했다. 또다른 시인은 "눈물로 바다를 이루어/ 누군가가 방주를 띄울 수 있도록 하는 자에게는/ 복이 있나니"(김소연, 「나 자신을 기리는 노래」)라고 노래했다. 인간은 오로지 자신의 고통 안쪽에서만 고통을 느끼는 그런 존재가 아니다. 인간은 타인의 고통으로 인해서도 고통스러울 수 있고, 누군가의 눈물이 바다를 이루었을 때 방주를 띄우기 위해 함께 애쓰는 그런 존재이기도 하다. 그 방주가 우리를 구원할지도 모른다. 그런 놀라운 눈물의 가능성을 생각하면 인간이라는 종이 꽤 괜찮게 느껴지기도 한다.

새소리에 관해서는 '운다'는 표현과 '노래한다'는 표현이 서로 뒤섞여 쓰인다. 인간에게도 간혹 그런 용법이 허용되는 것 같다. "어떻게 노래를 시작하게 되었나요?"라고 물었더니 밥 말리는 이렇게 대답했다고 한다. "시작이라…… 울음. 그래요, 울음과 함께 시작되었죠." 밥 말리의 이 말을 자신의 시집 『눈물이라는 뼈』에다 의미심장하게 옮겨 써놓은 김소연 시인은 또한 이런 말을 시집에 써놓았다. "사람의 울음을 이해한 자는 그 울음에 순교한다"(「고통을 발명하다」).

언젠가 나는 사람의 성향을 '잘 우는 사람' '안 우는 사람' '못 우는 사람' 등으로 분류해볼 수도 있겠다는 생각을 해본 적이 있었다. 경우에 따라 칭송되기도 하지만, 한편으로 조롱거리가 되기 십상인 것이 또한 눈물이다. 사람들 앞에서 흘린 눈물은 어쩔 수 없이 해석의 대상이 된다. 고통의 눈물인가, 슬픔의 눈물인가, 분노의 눈물인가, 연민의 눈물인가, 변명의 눈물인가, 속임수의 눈물인가. 그의 진심과 내심은 무엇인가. 그는 이해받기도 하고 오해받기도 한다. 그는 동정을 받기도 하고 짜증을 유발하기도 한다. 그의 울음은 공감을 얻기도 하고 반감을 사기도 한다. 어쨌든 그러한 타인들의 이런저런 시선과 해석으로부터 온전히 숨을 수 있는 피난처가 필요한 때가 있는 법이다. '안 우는 사람' 같아 보이는 당신에게도 아마…… '혼자만의 방'을 필요로 하는 눈물이 있겠지. 눈물이 고독한 실존 속에서 흘러나올 때가 있으니.

꽤 오래전에 봤던 키에슬로프스키의 영화 〈세 가지 색: 블루〉에서 내 빈약한 기억력이 아직도 인상적으로 붙잡고 있는 장면은 줄리엣 비노쉬(교통사고로 남편과 딸을 잃고 혼자 살아남은 여주인공 줄리 역을 맡았다)가 어느 적막한 실내 수영장을 찾아가 하염없이 수영을 하던 장면이었다. 그녀에게 수영장은 눈물을 감출 수 있는 장소였다는 점에서 '혼자만의 방'이었다. 그녀는 그녀 자신에게마저도 눈물을 감추고 싶었던 것 같다. 누군가 그녀의 눈물을 봤다고 해도 '물이 얼굴에 흐르는 거'라고 얼버무릴 수 있는 곳, 그녀 자신에게도 그렇게 마음속으로 중얼거릴 수 있는 곳, 그래서 역설적으로 수영장 물이 모두 그녀의 눈물바다 같기도 했던 그 차가운 블루의 방.

사랑을 하면서 언젠가부터 '못 우는 사람'에서 '울 수 있는 사람'으로 변하기 시작한 인어공주는 자신의 눈물을 위해 어떤 은밀한 방을 찾아냈을까. 안데르센은 "인어공주를 왕자의 방문 밖에 둔 벨벳 쿠션에서 자도록 했다". 다시 말해, 인어공주에게는 '혼자만의 방'이 없었다. 왕자가 제 나름으로 인어공주를 아낀다고 하는 게 그런 식이었다. 고아 소녀, 인어공주는 사랑하는 사람 가까이에 있을 수 있다는 이유만으로 그런 잠자리를 마냥 기꺼워했을까. 그 점에 대해 안데르센은 별다른 관심을 기울이지 않았지만, 우리의 인어공주는 이제 '혼자만의 방'을 강력하게 욕망하고 요구하게 되었고, 기어코 쟁취해냈다. 그녀에게는 '혼자만의 방'을 필요로 하는 '눈물'이 있었고, '영혼'이 있었고, '글쓰기'가 있었고, '비밀'이 있었으니까.

바르트는 말한다. "자신을 울도록 내버려두는 것은 사랑하는 사람에게 고유한 성향이 아닐는지?" "눈물을 아무 거리낌없이 배출하면서 그는 액체의 확산 속에 적셔진 육체, 사랑하는 육체의 명령에 따른다." "내 고통이 환상이 아니라는 것을 스스로에게 증명하기 위해, 나는 눈물을 흘린다." "눈물을 흘리면서 나는 누군가를 감동시키려 하고 또 압력을 가하고자 한다." "말, 그것은 무엇인가? 한 방울의 눈물도 그보다 더 많은 것을 얘기하리라."(「눈물의 찬가」, 『사랑의 단상』)

사랑은 '액체적'이다. 녹이고, 빠뜨리고, 섞이고, 끓고, 합쳐지고, 흐르고, 퍼지고, 스미고, 나눠지고, 증발하는 그 모든 액체적

현상이 사랑의 다양한 모양새이자 속성이다. 눈물은 사랑의 액체 중의 액체가 아닐는지?

나는 그렇게 생각하는 것 같다. 어쩌면 그래서 잠시 오독했던 시 구절이 있었다. "걸어서 천년이 걸리는 길을 빗물에 쓸려가는 게 사랑이지."(허연, 「사랑詩 1」) 이 문장에서 나는 '빗물'이라는 시어를 '눈물'로 읽어버렸던 것이다. 그리고 내가 잘못 읽은 걸 안 후엔 인어공주 탓을 했다. "느낌표는 빗방울 같구나, 눈물방울 같구나"라고 썼던 그녀의 문장이 남아서 내 오독에 작용했다고 말이다.

'눈물 한 방울'이 존재를 송두리째 뒤흔드는 경험을 해봤다면, 공감할 수 있을 것이다. 내 얼굴에 눈물 한 방울이 매달려 있는 것이 아니라, 눈물 한 방울에 내 얼굴이, 내 존재 전부가 매달려 있는 것 같은 그런 느낌. 이 느낌의 세계에서 눈물 한 방울은 '존재의 집'이다. 김혜순의 시 「눈물 한 방울」의 상상력은, 눈물 한 방울을 들어올리면 내 얼굴이 들려 올라가는 장면을 실연實演한다. 눈물 한 방울은 존재의 '전부'다.

> 그가 핀셋으로 눈물 한 방울을 집어 올린다. 내 방이 들려 올라간다. 물론 내 얼굴도 들려 올라간다. 가만히 무릎을 세우고 앉아 있으면 귓구멍 속으로 물이 한참 흘러들던 방을 그가 양손으로 들고 있는 것 같은 착각이 든다. (……) 물로 지은 방이 드디어 참지 못하고 터진다. 눈물 한 방울 얼굴을 타고 내려가 번진다. 내 어깨를 흔든 파도가 이 어둔 방을 거진 다 갉아먹는다. 저 멀리 먼동이 터오는 창밖에 점처럼 작은 사람이 개를 끌고 지나간다.

인어공주에게 다리가 알려준 것

"우리가 보기엔 이토록 아름다운 물고기 꼬리가 지상의 사람들에게는 흉측하게 보인단다. 저 위에서 아름다워지려면 너는 다리라고 부르는 꼴사나운 기둥 두 개를 가져야 한단다."

―안데르센, 『인어공주』

인어공주의 할머니가 "꼴사나운 기둥 두 개"라고 표현했던 인간의 다리를 얻기 위해 인어공주는 목소리를 포기했다. 그런 결정을 내릴 당시의 인어공주에게 다리(leg)는 사랑하는 사람의 세계로 건너갈 수 있는 유일한 다리(bridge)를 의미했다.

그러나 곧 인어공주도 인간의 하체, 다리 사이에서 벌어지는 소란들에 대해 어쩔 수 없이 알아가게 되었다. 안데르센은 말하고 싶어하지 않았지만, 인어공주는 아름다운 다리 사이로 매일같이 냄새 고약한 똥과 오줌을 싸야 했고, 인간 여자들처럼 한 달에 며칠간은 피를 흘려야만 했다. 바흐친이 말했던, '먹고 싸고 씹하는' 바로 그 '그로테스크 리얼리티'가 펼쳐지는 신체를 인어공주도 체험하기 시작했던 것이다.

여자들이 다리 사이로 흘리는 피, 생리혈은 부엌에서 칼질을 하다가 손을 베어 흘리는 피와는 전혀 다른 차원의 의미를 갖는다. 이를테면, 네팔에서 살아 있는 여신으로 추앙되는 어린 소녀 쿠마리는 초경이 시작되면 곧바로 신의 권좌에서 내려와야 한다.[1] 생리를 시작했다는 것은 아이를 가질 수 있는 여자(가임 여성)가 되었다는 것을 의미하고, 이런 임신의 가능성은 '섹스'라는 사건과 연루되어 있었다. 때문에 생리혈은 특별한 가치 개념이 되어버린 '처녀성'을 손상하는 그 '무엇'으로 받아들여졌던 것이다. 사실상 생리 현상은 수정이 이루어지지 않았다는, 즉 임신을 하지 않았다는 뜻이지만 말이다. 처녀성에 집착하는 인간 수컷들은 지구상에 우글우글하다. 이건 참으로 인어공주에게는 기괴한 일.

인어공주에게 생리는 신기한 현상이었고 성적 호기심을 부추겼으며 나아가 자신의 새로운 신체에 대한 탐구에 돌입하게 만들었다. 인어공주의 탐험이 19금 너머의 세계로 나아가기 시작한 것이다. '19금'이라는 금지의 선분線分은 인어공주의 호기심을 증폭시켰을 것이다. "금기는 인간과 동물을 가르는 하나의 기준"이라고 했던 조르주 바타유가 우리에게 일러준 것은, 금기는 욕망의 아궁

---

[1] 흉터 없는 피부, 보리수 같은 몸, 사슴 같은 허벅지, 소와 같은 눈썹 등등 32가지의 까다로운 조건들을 충족시키고, 몇 가지 어려운 시험에 통과하여 쿠마리로 선발된 3~5세 정도의 어린 여자아이는 왕보다 높은 초월적 존재로 신성시되는데, 신이기 때문에 말을 해서도 안 되고 감정을 드러내어서도 안 되며 땅을 밟아서도 안 된다. 또한 인간이 신을 가르칠 수 없으므로 교육을 받을 수도 없다. 때문에 아동학대 논란을 가져오기도 했다. 쿠마리(Kumari)는 산스크리스트어에서 처녀를 뜻하는 '카우마르야(Kaumarya)'에서 유래한 말로 '처녀신'을 뜻한다고 한다.

이에 불을 지핀다는 것이다.

그녀는 차츰 자신의 '클리토리스와 즐기는 방법'을 터득하게 되었다. 성적 테크닉 중에서 '자위행위'는 바티칸 당국으로부터 금기시될 뿐만 아니라, 자위행위를 하는 대부분의 인간들이 자기 스스로를 저열하게 느끼게끔 만드는 것이었다. 그렇지만 인어공주는 지금껏 한 번도 느껴보지 못한 종류의 이상한 희열(오르가슴)에 대해 천진하게 자축했을 뿐이다. "축하해." 나는 인어공주에게 눈을 찡긋, 윙크를 날렸다.

여섯 살 꼬마애가 동생을 안고 젖을 먹이는 엄마의 옷자락을 붙잡고서 묻는다. "엄마 나는 어디에서 나왔어요?"

"다리 밑에서 주워왔지." 엄마는 얄궂게 웃고 아이는 울상이다.

인어공주도 이제 '다리 밑'이 두 가지 의미를 가진다는 것쯤은 알게 되었다. 인어공주는 미소를 지으며 다가가 아이의 불안한 마음을 다독였다. "괜찮아. 장난, 장난이야." 그러나 정말이지 장난이 아니었다는 걸 아이도 그리 오래지 않아 알게 될 것이다.

섹스와 사랑

"'사랑의 밀회(육체관계가 포함된 만남) 후 애타는 그리움에 비하면 예전의 그리움은 아무것도 아니었네'라는 옛 노래가 있죠." 도카이가 말했다.

—무라카미 하루키, 「독립기관」

"세상의 모든 운동 방향은 짝짓기에 초점이 맞춰져 있다. 만물은 그것을 향한 욕망에 사로잡혀 있다. 짝짓기는 만물을 끌어들이는 중심점이다." 미셸 드 몽테뉴의 말이다. 13세기의 신학자 아퀴나스는 에덴의 순진무구한 아담과 이브도 섹스를 했냐는 질문을 받은 적이 있었다고 한다. 성 토마스 아퀴나스는 답했다. "물론이다. 순수하다고 하여 관능적인 쾌락을 모르진 않는다." 그렇지만 사람을 안절부절못하게 하는 욕정은 여기서 제외된다는 단서를 그는 달았다는데,[1] 그 어떤 사랑의 장애물도 없고 모든 것이 조화를 이루고 있는 파라다이스, 단 한 명의 남자와 단 한 명의 여자만이 짝을 이룬 에덴에서라면 어째 그런 욕정이 생길 일도 없을 것 같긴 하다.

인어공주가 '사랑'과 '섹스'의 관계를 궁금해한 것은 너무도 당연한 일이었다. 인어공주의 질문은 수많은 사람들이 했던 것이기도 하다. 이 질문은 어떤 시대나 사회, 개성個性이든 상관없이 통용되는 보편타당한 답을 가지지 않으며, 결국엔 한 사회가, 그 안에서 살아가는 구체적인 개인이, 내가 이 문제를 어떻게 생각하는가의 문제로 귀결된다. 말하자면, 사랑과 섹스는 무조건적으로 합치되어야 한다는 입장을 가진 사회나 사람이 있고, 사랑과 섹스는 별개의 문제라고 여기는 사람이 있는 것이다. 또는 사랑과 섹스는 서로를 혼동하고 이용하면서 연애의 서사를 만들어간다고 생각하는 사람도 있을 것이다. 우리는 이 문제에 대해 즉각적인 답변을 포기하고 우회하고 우회하면서 다만 궁싯거려볼 작정이다.

그리스 로마 신화의 한 대목이다. 신神 가운데서도 최고의 신이자 또한 최고의 바람둥이[2]이기도 한 제우스와 그의 아내 헤라는

---

1) 에덴동산을 떠날 때까지 아이가 없었던 아담과 이브. 최초의 이 두 남녀가 섹스를 했느냐 하는 문제는 신학적인 논쟁거리였다. 밀란 쿤데라는 『참을 수 없는 존재의 가벼움』에서 이에 대해 가벼운 소설적 주석을 달아놓았다. "4세기에 성 제롬은 아담과 이브가 낙원에서 성행위를 했다는 생각을 단호하게 거부했다. 반면 9세기의 유명한 신학자 장 스코트 에리젠은 이 생각을 받아들였다. 그러나 그에 따르면 아담은 사람들이 팔이나 다리를 들어올리듯, 그러니까 언제 어디서라도 원하기만 한다면 성기를 일으켜세울 수 있었다고 한다. (……) 남자 성기가 간단한 뇌의 명령에 따라 설 수만 있다면 굳이 흥분하지 않아도 된다는 결론이 나온다. (……) 위대한 신학자는 성교나 성교와 관련된 관능성이 천국과 양립할 수 없다고 판단하진 않았다. 천국과 양립할 수 없는 것은 흥분이다. 이 점을 분명히 해두자. 천국에 관능성은 존재하지만, 흥분은 존재하지 않는다."

어느 날 사랑으로 득을 보는 게 남자인지 여자인지를 놓고 언쟁을 하게 되었다. 제우스는 여자가 사랑의 쾌락을 더 많이 누린다고 주장했고, 반대로 헤라는 남자 쪽의 쾌락이 더 크다고 주장했다. 그러나 제우스는 여자의 쾌락을 모르고 헤라는 남자의 쾌락을 모른다는 점에서 이들의 주장은 막연한 추측성 발언일 뿐이었다.

아마도 라캉이라면, 여기서 "성관계는 없다"는 명제를 끌어낼지도 모르겠다. 섹스에는 "타자의 몸이라는 매개가 존재하지만 결국 쾌락이란 언제나 제 자신의 쾌락"이라는 것, 당신은 나의 쾌락 속에 없고 나는 당신의 쾌락 속에 없다는 것, 제우스는 헤라의 쾌락을 모르고 헤라는 제우스의 쾌락을 모른다는 것, 그러므로 "쾌락이 당신을 타자에게서 멀리, 아주 멀리 떼어놓는다는 것", '실재는 나르키소스적이고 관계는 상상적인 것, 따라서 성관계는 없다'는 것이 라캉의 결론이라는 것. 바디우의 설명이다. 가벼운 장난기에서 발동해서 점점 심각해져간 제우스와 헤라의 언쟁에 대해 내가 쓸쓸한 기분이 들었던 것은 아마도 이들에게서 "섹슈얼리티의

---

2) 밀란 쿤데라는 『소설의 기술』에서 두 부류의 바람둥이가 있다고 말했다. 그 하나는 서정적 바람둥이(이들은 모든 여자들에게서 자신의 이상을 찾는다), 다른 하나는 서사적 바람둥이(이들은 여자들에게서 여성적 세계의 무한한 다양성을 추구한다). 쿤데라의 소설을 놓고 얘기하자면, 『참을 수 없는 존재의 가벼움』의 토마스는 서사적 바람둥이, 『생은 다른 곳에』의 야로밀은 서정적 바람둥이의 전형이다. 제우스는 어느 쪽이라고 해야 할까. 제우스를 놓고서 '서사적 바람둥이'라고 말하는 사람과 '서정적 바람둥이'라고 말하는 사람이 있다면, 아마도 이 둘은 그리스 로마 신화를 보는 관점에 상당한 차이가 있을 것 같다.

공백"을 엿보았기 때문일 것이다.

　제우스와 헤라로선 사실상 알 수 없는 문제였기 때문에, 남자와 여자, 두 개의 성으로 사랑을 경험해봤다는 테이레시아스를 불러서 물어보기로 하였다. 테이레시아스는 제우스 편에 손을 들어주었다. 다시 말해, 여자가 누리는 쾌락이 남자의 것보다 크다고 말했던 것이다. 그런데 이 판정에 대해 헤라는 지나치게 화를 냈다. 그녀는 불같이 화를 내며 테이레시아스를 맹인으로 만들어버렸던 것이다. 그리고 미안해진 제우스는 눈먼 테이레시아스에게 미래를 볼 수 있는 예언의 능력을 주었다.

　그런데 가만 생각해보면, 여자가 남자보다 더 큰 쾌락을 누린다면 여자 입장에선 좋은 일이 아닐까 싶다. 그런데 헤라는 왜 그렇게 격분했던 걸까. 아무래도 헤라는 남자, 즉 상대방이 자신의 쾌락보다 더 큰 쾌락을 누리길 원했던 모양이다. 헤라는 자신을 통해 상대가 크나큰 희열을 맛보았을 거라고 여겼고, 그 상상이 만족스러웠던 것이다. 그것은 또한 제우스의 경우에도 크게 다르지 않았으니, 그랬기 때문에 이 문제가 둘 사이에 논쟁거리가 되었을 것이다. 이들은 애초에 자신들의 소망과 상상을 가지고 다투었다.

　라캉의 말대로 섹슈얼리티에서 두 사람의 쾌락이 서로 분리되어 있다 할지라도, 두 사람이 서로의 알 수 없는 쾌락에 대해 무관심할 수 있는 것은 아니다. 장난같이 시작해서 장난 아니게 일이 커져버렸던 제우스와 헤라의 언쟁이 보여주듯이 말이다. 상대방의 쾌락이 내 것 못지않게 중요했다는 점에서 봤을 때, 제우스와 헤라 부부의 사랑은 아직도 식지 않았던 모양이다. 사랑과 무관한 섹스는 '나'의 쾌락으로 돌아눕지만, 사랑과 연관된 섹스는 '타자'의 쾌락을 애틋하게 살피며 연결되려고 한다. 성'관계'는 없을지 몰라도, 사랑은 '관계'하려고 한다.

더구나 상대편의 쾌락은 사랑의 증거, 혹은 나의 성적 매력의 정도로 여겨지기 때문에 대단한 관심사가 아닐 수 없다. 때문에 상대편의 만족을 위해 내 쾌락을 연기하기도 하는 것이다. 당신의 쾌락은 나를 만족시키고 나의 쾌락은 당신을 만족시킨다. 그렇지만 당신의 쾌락을 나는 모르고 나의 쾌락을 당신은 모른다. 나는 당신의 쾌락을 상상하고 당신은 나의 쾌락을 상상할 뿐이다. 이 상상의 실재가 단지 '나르키소스적인 것'에만 머무르고 마는 걸까.

바디우는 "성관계의 결핍을 보충하러 도래하는 무엇", 그 무엇을 사랑이라고 말했다. 섹스에서 당신은 타자라는 매개를 통해 당신 자신과 관계 맺을 뿐이고 타자는 당신이 쾌락을 누리는 데 이용될 뿐이지만, 사랑 속에서 타자라는 매개는 그 자체로 가치를 지니며 사랑을 하는 당신은 '나르시시즘'을 넘어서 '타자의 존재'에 접근하려고 애쓰고 있는 중이라는 것이다.

과연 사랑이란 무엇일까. 말할 수 있을 것 같은데…… 그러면서 언어는 간신히 사랑의 옷자락을 붙잡지만, 허물처럼 옷가지만 남기고 몸을 뺀 발가벗은 사랑은 황급히 그 자리를 떠나버린 후……

유독 사랑하는 대상만을 감돌며 에워싸는 아우라, 이 아우라가 한 존재를 돋보이게 하고 풍부하게 하는 작용을 '상상적인 것'이고 '과대망상적인 것'이라고 해도 이것이 서로에게 유지되고 발견

되고 재발명되는 동안이 우리가 사랑했던 시간이 아니었던가. 우리가 사랑했던 시간에 우리는 더 아름다웠고, 더 순수했고, 더 섹시했다. 그래서 우리가 가장 빛났던 시간이 아니었던가.[3] 그때, 그 빛남은 '환각'이면서 동시에 '리얼'이었다. "순간아 멈추어라. 너는 너무 아름답구나", 그렇게 외쳤던 파우스트처럼, 우리는 매일매일이 그렇고 그런 일상의 외피를 뚫고 솟구치는 비약의 순간을 경험했다. 그래서 제대로 사랑을 하면 우리는 서로를 교차하면서 존재론적인 변모를 실제로 체험하게 되는 것이다. 사랑이 끝나면 그(그녀)에게서 뿜어져나오던 빛도 꺼져버리지만, 이미 그는(그녀는) 사랑을 하기 전과는 다른 존재가 되어 있다.

그리고 내 몸에는 당신의 흔적, 당신의 터치가 새겨져 있었다. 당신의 손길, 그 손길 아래에서 따스해지고 뜨거워지던 몸, 당신의 아랫입술, 잇몸, 등줄기, 옆구리의 흉터, 혀, 가슴, 발목, 어느 순간 더 부드러워지던 살결, 살결을 스치듯이 닿았던 당신의 숨결, 당신의 음성…… 사랑이 끝나고 만남이 끝나도 끝내 지워지지 않는,

---

[3] 플라톤이 기록한, 사랑을 주제로 한 토론회 『향연』에서 파이드로스는, 만약 서로를 사랑하는 사람들로만 구성된 사회가 존재할 수 있다면 그 사회는 훌륭한 세상이 될 거라고 연설한다. 연인들은 서로가 서로에게 멋진 모습을 보여주려고 할 테니까. "사랑받는 소년은 어떤 추악한 형편을 당할 때, 특히 사랑하는 사람이 그걸 보는 것을 부끄러워해요. 그러므로 어떤 국가나 군대가 오직 사랑하는 자들과 사랑받는 소년들로만 구성되는 어떤 방안을 발견할 수만 있다면, 그보다 더 좋은 생활 양식은 없을 겁니다. 왜냐하면 그들은 온갖 비루한 짓을 멀리하고, 서로 아름답고 훌륭한 일을 하려고 경쟁할 테니까요."

촉각적 지대에 남겨진, 만짐과 만져짐의 흔적. 감각이 감정보다 더 끈질기게 살아남고, 감각 중에서도 촉각이 가장 오랫동안 우리 몸을 붙들고 있다. 그것은 우리의 몸에 비문처럼 새겨지고 주름처럼 접히며 퇴적토처럼 쌓이는 것이다. 우리는 '만질 수 있고 만져질 수 있는 거리'를 서로에게 허락했고, 그 '안쪽'에서 서로를 애타게, 애타게 찾았다. 그 '안쪽'에서 서로의 떨림을 느끼며 우리는 포개지고 뭉개졌다. 거리가 점점 사라지는 거리, 시력視力이 무화無化되는 거리를 우리는 서로에게 허락했다. 나는 당신을 보지 않고 당신을 만졌다. 나는 당신을 보지 않고 내 살갗에 당신을 필사筆寫했다.

"너를 볼 수 없을 때까지 가까이. 파도를 덮는 파도처럼 부서지는 곳에서. 가까운 곳에서 우리는 무슨 사이입니까?"(김행숙,「포옹」)

팬티의 이데올로기

> 나는 사주고 싶네 사랑하는 애인에게 라이너 마리아 릴케 같은 스판덱스 브래지어, 사주고 싶네 아폴리네르 같은 팬티스타킹, 아소로로 한 집 보내고 싶네 에밀리 디킨슨의 하얀 목덜미 같은 생리대 뉴후리덤
>
> ─오규원, 「시인 구보씨의 일일 3─쇼핑센터에서」

여기 두 장의 팬티가 있다. 그 하나를 '자본주의 팬티'라고 부르고, 다른 하나를 '공산주의 팬티'라고 불러도 될 듯한 그런 팬티 두 장. 나는 그 한 장의 팬티를 정이현의 소설 「낭만적 사랑과 사회」에서 보았고, 또 한 장의 팬티를 밀란 쿤데라의 소설 『생은 다른 곳에』에서 목도했다. 웃겼지만 그 뒷맛은 좀 썼다.

나는 레이스가 달린 팬티는 입지 않는다.
고무줄이 헐렁하게 늘어나고 누렇게 물이 빠진 면 팬티는 말하자면, 나의 마지막 보루다. (……) 그 애의 손가락은 점점 내 팬티에 가까이 다가오고 있었다. 내 팬티! 삼 년 동안 줄기차게 입어온, 양은솥에 넣고 푹푹 삶아댄, 누리끼리하게 변색된, 낡은 팬티! 팬티를

사수하는 것은 세상을 사수하는 것이다.

―정이현, 「낭만적 사랑과 사회」

"나는 레이스 달린 팬티는 입지 않는다"고 당당히 말하는 「낭만적 사랑과 사회」의 여주인공 유리[1]는 어떤 성적 유혹이나 욕망에도 넘어가지 않기 위해 '남루한 팬티'를 선택하고 고집스럽게 고수한다. 도저히 봐줄 수 없는 남루한 팬티를 입었으니 그녀는 어떤 상황에 처해도 팬티를 내보일 수 없는 것이다. 촌스러운 꽃무늬 팬티를 마지막 보루라고 말하는 그녀, 낡은 팬티를 보여주지 않기 위해서는 때때로 오럴이 최고의 대안이라고 말하는 그녀가 그토록 지키려고 하는 것은 소위 순결을 증언해줄 '처녀막'이다. 그녀에게 중요한 것은 이념으로서의 순결이 아니라 교환 가능한 화폐처럼 사용할 수 있는 순결의 증표다.

아무리 프리섹스의 분위기를 풍겨대고 있어도 이 사회의 끈질

---

[1] 의미심장한 이름이다. 간만에 가족이 모여 아침식사하는 자리, 유리의 엄마는 식탁 위의 유리잔을 집어들고서 말한다. "여자 몸은 바로 이런 거야." "금 가는 순간." "그 순간 끝장나는 거야." 아빠가 한마디 거든다. "그렇지. 못 붙이지." 이것이 바로 전형적인 한국 부모가 딸의 귀가 시간을 단속하는 방식이다. 이렇듯 이 소설에서 '유리'는 여자의 몸을 순결 이데올로기에 비춰 표상한다. 또한 '유리'는 건물 전면이 통유리로 되어 있어 '유리의 성城'이라는 애칭으로 불리는 하얏트 호텔의 이른바 상류층의 고급스러움이 얼비치는 욕망의 기표이기도 하다. 이 소설의 주인공 유리는 결혼 시장에서 '순결'의 상품성을 영리하게 이용하여 자본주의 사회의 상류층으로 진입할 계획을 야무지게 세우고 있다.

긴 슈퍼에고(super-ego)와 무의식은 순결 이데올로기에 여전히 붙들려 있다는 것, 그녀는 이 유구한 이데올로기의 어두운 안쪽을 들여다볼 뿐 아니라 조롱하고 비웃기까지 하지만, 그 자리에서 단 한 발자국도 앞으로 나아가지 않는다. 그녀는 이 지점을 파고들면서 자신에게 유리하도록 전략적으로 이용할 뿐이다. 순결을 위장하는 그녀에게 있어서 순결은 도덕적 가치가 결코 아니다. 도덕 운운하는 그런 말을 그녀한테 했다간 당장 코웃음을 당할 텐데, 만약 순결이 모종의 가치라면 그것은 상품의 가치와 같은 것이다. 그녀는 자신의 상품성을 계산하고 있다. 더 정확히 말하면, 상대방이 저울질하는 그녀의 상품성을 그녀는 계산해보고 있는 것이다.

낭만적 사랑, 자연스러운 감정, 사랑으로 충만한 섹스…… 상상하면 다 근사한 것들이다. 물 흐르듯 걸림이 없구나. 이런 세계에서라면, 당신의 옷 벗는 소리에 감정이입하며 하늘에서는 환한 눈이라도 흩날릴 것 같다. 그러나 현실로 돌아오면, '남루한 팬티' 같은 것들이 자꾸 걸리적거린다. 지극히 사적인 섹슈얼리티의 내밀한 공간에서도 (무)의식적인 계산이 이루어지고 권력이 작동하고 특정한 이데올로기가 개입하는 것이다. 프로이트 식으로 말하면 리비도의 자유로운 흐름을 억압함으로써 인간 문명은 성립하였던 것이다. 물론 이때 '문명 속의 불만(신경증)'도 함께 태어났다.

저널리스트 알리체 슈바이처의 기록물 『아주 작은 차이』(1975)가 보여주는 것은 성생활에 대한 두려움으로 가득한 여성의 일상이었다.[2) 결혼에 대한 악명 높은 칸트의 정의에 따르면 '결혼이란 두 성인 남녀 간 성기의 독점적 상호 사용에 관한 계약'인데, 이러한 결혼 관계 안에서 매춘의 또다른 형태가 일상적으로 자행되고 있음을 알리체 슈바이처의 책은 보고하였다. 특히 그녀가 주목했던 것은 원치 않는 임신에 대한 여성의 두려움과 불안감이었다. 임신이라는 '다모클레스의 칼' 아래에서[3] 어떻게 여성들의 섹스가 자유롭고 자연스러울 수 있겠는가.

한편, 밀란 쿤데라는 한 소설에서 '누추하고 지저분한 팬티'를 가지고 역사적 정황의 어떤 핵심을 희극적으로 포착한 바 있었다.

> 『생은 다른 곳에』의 결정적인 순간에 역사는 누추하고 지저분한 팬티의 형태로 끼어듭니다. 일생 중 가장 멋진 에로틱한 순간에 팬티 때문에 망신당할 것을 걱정한 나머지 야로밀은 옷을 벗을 엄두를 내지 못하고 자리를 피해버리죠. 누추함! 잊힌 것이지만 공산주의 체제하에서 살 수밖에 없었던 사람에게는 대단히 큰 의미를 갖는 또다른 역사적 정황인 셈이죠.
>
> ―밀란 쿤데라, 『소설의 기술』

---

2) 슈테판 볼만, 『생각하는 여자는 위험하다』.

3) 알리체 슈바이처는 원치 않는 임신을 '다모클레스의 칼'에 비유했다. 그리스 신화에서 다모클레스가 한번 앉아본 왕좌 위에는 말총 한 가닥에 위태롭게 매달린 예리한 칼이 머리를 겨누고 있었다. 치명적인 이 칼은 언제든 머리 위로 떨어질 수 있다. 그후로 다모클레스는 두 번 다시 왕좌를 탐내지 않았다고 한다.

『생은 다른 곳에』의 주인공 야로밀은 팬티 때문에 당하게 될 치욕이 두려워 자신의 생애에서 가장 멋진 에로틱한 순간을 피해버리고 만다. 대관절 그것이 어떤 팬티였길래? 밀란 쿤데라는 말한다. "역사가 문을 두드리고 우리들의 이야기로 들어온다. 그것은 비밀경찰의 모습이나 갑작스러운 혁명으로 들어오지 않는다. 역사라고 해서 항상 극적으로 등장하는 것은 아니고, 더러운 구정물처럼 일상생활을 통해서 서서히 스며들기도 한다. 우리들의 이야기에서는 역사가 속옷의 형태를 취하고 등장한다."

야로밀의 어머니는 아침마다 아들의 팬티와 셔츠를 골라줌으로써 그녀의 세계와 아들의 세계가 한몸이라는 것을 상징적으로 확인하는 의례를 매일같이 치르는 그런 어머니였다. 그녀는 자신의 사랑스러운 아들에게 귀족 취향의 우아한 속옷을 줄곧 고수하지만, 불행히도 시대는 변하여 때는 바야흐로 우아한 속옷이 죄악 같은 사치로 간주되었던 전쟁 직후 공산주의 혁명기. 이 시대 보헤미아 각지의 젊은이들은 체육관의 운동선수들이 입을 법한 짧은 린넨 팬티 차림을 하고서 연인의 침대로 뛰어들었다. 시대의 유행과 어머니의 취향 사이에서 야로밀은 여자친구를 만나러 갈 때면 운동복 팬티를 따로 한 장 챙기는 걸로 타협하고 지냈는데, '예상치 못했던' 놀라운 기회, 다시 말해 별도의 팬티를 준비해놓지도 못했는데 너무나 멋진 에로틱한 순간이 기적처럼 그를 찾아온 것이다. 그러나 우리가 이미 알고 있듯이, 야로밀은 팬티가 쪽팔려서 그에게 두 번 다시 찾아오지 않을지도 모르는 황홀한 밤의 초대를 거부한다. 역사의 팬티 앞에서는 사랑도 욕망도 쾌락도 무릎을 꿇는다.

아름다운 헬레네 때문이라면 남자들은 고향도 등지고 전쟁터로 달려나갈 수 있다지만, 팬티를 잘못 입은 남자는 헬레네가 침실 문을 열어놓아도 뒷걸음질을 치게 되나보다.

  그러니까 연인들의 침실도 마냥 뜨거운 벌거숭이들의 에덴동산은 아니라는 것! 아, 팬티를 입는 인간들의 우스꽝스러움이여, 슬픔이여, 가엾음이여. 그러나 누추하게 너무나 누추하게 무릎을 꿇고 또 꿇었다고 해서, 우리가 사랑을 포기하는 것은 아니다. 다시 시도하고 또다시 시도하면서 괴로운 것이 또한 사랑일진대……

쉘 위 댄스(Shall we dance)?

10월 30일.

인간의 다리로 할 수 있는 일 중에서 가장 멋진 건 춤을 추는 것이다. 몸을 음악 속으로 데려간다. 그러면 육체가 영혼이라는 느낌이 들지. 사랑하는 사람의 손을 잡고 스텝을 밟으면 천국의 계단을 오르는 기분이야.

그러나 나는 천국에 있는데 내 손을 잡고 있는 당신은 진부한 파티장에 있었군. 당신은 다른 여자들을 살피느라 정신이 없었다.

어떤 남자가 내 쪽으로 걸어오고 있었다. 나는 당신에게 보란 듯이 그쪽으로 한 걸음 내디뎠다. 질투로부터 사랑이 생겨난다는 것을, 어렴풋이 나는 알고 있었다.

그러나 내가 모르는 것이 있었다. 그 순간, 내가 모르는 한 남자가 '성큼' 다가와 있었다. 한 남자가 한 여자에게 춤을 신청할 때, 남자와 여자 '사이'의 거리는 법으로 규정되어 있을까. 어쩐지 이 세상에는 그런 게 존재하고, 그는 법을 살짝 어긴 것만 같았다. 아무도 모르는데, 나만 그 사실을 알아챈 것 같았다. 가슴이 두근거렸다. "쉘 위 댄스?" 그러나 춤을 추는 데는 말이 필요 없지.

곧 말이 필요한 순간이 찾아왔어. 음악이 끝나고 이제 서로의 손을 놓아야 할 때, 시간이 아주 조금 느려졌고 아마도 딱 그만큼만 머뭇머뭇 서로의 손은 서서히 풀어졌을 거야. 그가 물었어. "이름이 뭐예요?" 나는 내 이름이 파티장 바깥에 있다는 듯이 무작정 그의 손을 잡고 시끄러운 파티장을 빠져나왔어.

종이와 펜이 없어서, 정원에 쪼그리고 앉아 흙 위에다 나뭇가지로 이름을 썼어. 달빛이 우리의 문자판을 비추고 있었지. 그는 손가락으로 내 이름을 더듬었어. 그의 손가락을 따라 내 이름에서 싹이 돋고 꽃이 피어나는 것 같았어.

필담筆談을 나눌 수 있는 친구가 생겼다. 다시 말해, '말'이 통하는 사람이 생겼다는 뜻이다. 친구 이상의 친구…… 언젠가 우리는 이런 대화를 나누게 된다.
"예전에 나는…… 인어였어. 인간이 살아서는 경험할 수 없는, 그런 깊은 바다에서 살았지."

"사실 나는 외계인이야. 너보다 더 먼 곳에서 여길 찾아왔어. 아마도 나는 너를 찾아왔나봐."

"ㅋㅋ."

"ㅎㅎ."

아아, 진실은 농담처럼……

삼각관계 안에서 일어난 일들

내 희망의 내용은 질투뿐이었구나
그리하여 나는 우선 여기에 짧은 글을 남겨 둔다
―기형도, 「질투는 나의 힘」

두 여자와 한 남자로 이루어진 삼각관계를 인어공주는 처음부터 고통스럽게 의식하고 있었다. 인어공주는 왕자를 사랑했는데, 왕자는 다른 여자를 사랑했다. 인어공주의 괴로움은 질투하는 이의 고통이다. 질투의 원인은 사랑이다. 사랑을 하면 사랑을 받아야 하는 사랑. 상대의 사랑을 마땅히 독점해야 하는 그런 사랑. 사랑과 우정의 차이가 대체로 그렇다. 우정은 여러 명의 친구들과 기쁘게 둘러앉을 수 있지만, 사랑의 이름으로 여러 명의 애인을 한자리에 초대할 수는 없다. 사랑은 '오직 너뿐'이라고 고백하고 명령한다.

왕자는 삼각관계를 (무)의식적으로 이용했다고 할 수 있다. 왕자는 교묘하게 인어공주를 붙들고 있었다. 왕자는 인어공주가 자신을 떠나지 못하게 언제나 사랑의 '가능성'을 남겨두는 방식으로 말한다. "너를 보면 전에 만난 적이 있지만 다시는 보지 못한 소녀가 떠올라. (……) 그애는 이 세상에서 내가 사랑할 수 있는 유일한 사람이란다. 하지만 너는 그애와 너무나 닮아서 그애의 모습을 내 마음속에서 쫓아내고 있어. 그애는 수도원에 있으니 행운의 여신이 너를 네게 보내준 것이겠지. 우린 절대 헤어지지 않을 거야!"

처음에 인어공주는 왕자를 사랑하기 때문에 질투를 느낀다고 생각했다. 그러다가 질투를 느끼기 때문에 그를 사랑하는 것이라고 생각하기도 했다. 그러다가 괴로움과 사랑을, 사랑과 외로움을 혼동하기도 했다.

돌이켜 생각해보면 인어공주는 처음부터 사랑을 고백하고 있었다. 눈빛으로, 떨리는 손으로, 한숨으로…… 그러다가 언젠가부터 편지에 사랑의 감정을 '우회적으로' 표현하기 시작했고, 어느 날 갑자기 충동적으로 어떤 은유도 없이 사랑을 고백해버렸다. "당신을 사랑해요." 사랑한다고, 사랑한다고 마음이 찢어지고 종이가 찢어져라 썼다. 왕자의 반응은 예상했던 대로 '나는 너를 두번째로 사랑해'였다. 사랑에 있어서 '두번째'의 의미는 거절이지만 실제 상황은 삼각관계가 부각되는 방향으로 흘러갔다. '인어공주'와 '왕자'와 '왕자의 이상형 그녀'로 이루어진, 어쩐지 공허한 삼각형. 몸이 텅 빈 이 삼각형.

그러던 어느 날 인어공주는 '새로운' 삼각관계를 만들어냈다. 인어공주에게 남자친구가 생긴 것이다. '남자 사람 친구'를 표방하고 있지만, 그와 그녀 사이에 흐르는 기류는 미묘하고 복잡한 구석이 있었다. 이에 대해 '에로틱한 우정'이라고 이름 붙일 수 있을까. 그는 왕자를 질투했음이 분명한데, 왕자가 그에게 느낀 '불편함'의 정체는 과연 무엇이었을까. 인어공주와 그의 관계, 인어공주와 왕자의 관계는 앞으로 새로운 국면들을 만들어낼 것 같다. 그들은 그들의 사랑을 할 것이므로 나는 이제 더이상 인어공주의 쪽지를 전하지 않을 것이다. 다만 나는 돌아서면서 인어공주처럼, 수많은 그대들처럼 탄식했다.

"너무 빠르거나 늦은 그대여,"(이성복, 「숨길 수 없는 노래 2」).

역사적으로 유명한 '삼각관계'들을 한번 살펴보기로 하자.[1] 여기에 등장하는 철학자들과 예술가들은 단지 삼각관계에 빠진 것에서 나아가, 이 '관계'에 모종의 실험적 성격을 부여했다.

첫번째 사례로는 루 안드레아스 살로메(1861~1937)가 '성 삼위일체'라고 불렀던, 루 살로메와 프리드리히 니체와 파울 레 사이의 관계. 한 여자와 두 남자. 두 남자는 한 여자에게 모두 사랑에 빠졌고 청혼했으나 거절당했다. 루 살로메는 '세 사람 사이의 에로틱하면서도 지적인 우정 관계', 소위 '성 삼위일체'를 행복의 이미지 속에서 꿈꾸었다.

처음에 이 관계 속으로 니체를 끌어들인 장본인은 파울 레였다. 루에게 사랑을 고백하고 청혼했으나 거절당한 레는 루 곁에 있을

---

[1] 참고한 책은, 슈테판 볼만의 『생각하는 여자는 위험하다』, 라이너 마리아 릴케의 『소유하지 않는 사랑』, 프랑수아즈 지루의 『루 살로메』, 변광배의 『사르트르와 보부아르의 계약결혼』, 도미니크 보나의 『세 예술가의 연인』이다.

수만 있으면 이 세상에 못할 게 없었다. 그런 레에게 루는 최근에 꾼 꿈 이야기를 들려준다. 꿈에서 그녀는 두 명의 남자와 함께 방이 세 개인 아파트에서 행복하게 살고 있었다는 것이다. 그녀는 꿈을 빌려 '트라이앵글의 동거'를 제안한 것이다. 레는 루 곁에 머물기 위해 자신의 오랜 친구인 고독한 철학자 프리드리히 니체를 불러들인다. 그리하여 니체는 그 유명한 사랑의 인사말을 루에게 건네게 된다. "우리가 어느 별에서 내려와 이제야 만나게 된 거죠?" 이 세 사람의 만남은 후대에 인상적인 사진 한 장을 남긴다. 니체와 레가 앞에서 수레를 끌고, 루 살로메가 이 두 사랑의 노예들에게 채찍으로 위협하는 듯한 포즈를 취한, 그 유명한 사진 말이다.

잘 알려져 있듯이, 루 살로메는 당대 최고의 철학적 지성과 예술적 감성을 가진 남성들, 대표적으로 니체와 릴케와 프로이트가 사랑했던 매혹적인 여성이었다. 루 살로메의 남성 편력은 평생에 걸쳐 지속되었는데, 그녀에 대한 19세기 세인들의 시선이 고울 리 없었으니, 그녀를 마녀라고 부르면서 추방운동까지 벌어졌었다고 한다. 그 시대 여성에게 사랑과 결혼이 새장과 같은 것이었다면, 루 살로메는 새장에 구속되지 않고 자유롭게 날아다니는 새처럼 살고자 하였다. 슈테판 볼만은 그녀를 일컬어 "남성을 지성의 동력으로 활용한 최초의 여자"라고 했는데, 작가였으며 나중엔 정신분석학에 전념했던 루 살로메는 지적 자극과 영감을 주는 남성들, 남성 뮤즈들 속에서 삶의 에너지를 찾았다.

그녀는 그 누구에게도 독점되지 않는 '자유로운 존재' 상태를 언제나 유지하기 위해 애썼다. 다시 말해, '사랑의 감옥', '결혼의 덫'에 갇히지 않기 위해 그녀에게는 일종의 전략이 필요했다. 그녀는 '우정'이라는 우산을 쓰고 남성들과의 관계를 조율했다. 특히 그녀보다 여러모로 성숙한 남성들에게는 육체적인 관계를 허용하지 않는 것이 그녀의 철칙이었다. 마음의 상처를 크게 받았던 니체는 나중에 루를 향해 "가짜 가슴을 달고 다니는 성불능자"라고 독설을 퍼붓기도 했다. 열다섯 살 위였던 프리드리히 카를 안드레아스와 결혼하면서 그녀가 내걸었던 조건은 부부관계를 절대로 맺지 않는다는 것이었다고 한다.[2)]

연하의 남성들에게 있어서 그녀는 사랑과 영혼의 교사처럼 그 관계를 이끌었다. 루 살로메가 릴케를 처음 만났을 때, 그녀는 36세였고 그는 22세였다. 그녀는 그의 이름을 르네 마리아 릴케에서 라이너 마리아 릴케로 바꾸어주었고, 갈겨쓰던 글씨체를 시인의 아름다운 필체로 변하게 만들었다고 한다. 그녀는 그에게 사랑의 황홀경을 맛보게 해주었으며, 예술의 뮤즈이자 영혼의 교사가 되어주었다. "그대는 언제나 주기만 하는 부자요,/ 나는 궁색한 걸인이랍니다." "당신은 내게 문과 같은 존재였어요. 나는 그 문을 통해 비로소 너른 들판으로 나아가게 됩니다. 앞으로도 계속 성장할 수 있도록 나를 도와주고 사랑해주세요." 루 살로메를 향해 릴케가 썼던

---

2) 남성들에게 그토록 유혹적이었던 루는 일체의 성관계를 철저하게 거부했는데, 이를 두고 당대에도 그리고 사후의 전기 작가들도 꽤나 말이 많았다. 그러나 그녀는 35세 이후로 태도가 전혀 달라져서 섹슈얼리티를 상당히 적극적으로 즐기게 되었다.

문장들이다. 아래의 것은 루 살로메에게 헌정했다고 하는 릴케의 시 「내 눈빛을 꺼주소서」.

> 내 눈빛을 꺼주소서, 그래도 나는 당신을 볼 수 있습니다,
> 내 귀를 막아주소서, 그래도 나는 당신의 목소리를 들을 수 있습니다,
> 발이 없어도 당신에게 갈 수 있고,
> 입이 없어도 당신의 이름을 부를 수 있습니다.
> 내 팔을 부러뜨려주소서, 나는 손으로 하듯
> 내 가슴으로 당신을 끌어안을 것입니다,
> 내 심장을 막아주소서, 그러면 나의 뇌가 고동칠 것입니다,
> 내 뇌에 불을 지르면, 나는 당신을
> 피에 실어나르겠습니다.

'에로스'는 그 무엇보다도 우리의 영혼을 더 세차게 흔들며 새롭게 태어나게 하는 힘, 창조력과 생산력의 원천이 된다. 릴케의 시가 우리에게 말해주듯이 말이다. 루 살로메는 그 힘을 잘 알았고, 적극적으로 활용했으며, 함께 나누었다.

자, 이번에 소개할 인물은 실존주의 철학자 커플, 시몬 드 보부아르와 장폴 사르트르다. '계약 결혼'으로 유명한 이들이 가장 중요한 결혼 조건으로 삼았던 것은 상대방에 대한 '헌신'이 아니라 '솔직함'이었다.[3] 서로가 다른 사람과 사랑에 빠지는 일은 인정. 그러나

서로에게 거짓말을 하는 것은 반칙이라는 것. 1929년에 2년을 전제하고 감행된 이들의 '계약 결혼'은 사르트르가 사망한 1980년까지 이어졌다. 그 51년간 이들 사이에는 '삼각 (이상의) 관계'들이 화려하게(?) 만들어지곤 했는데, 질투의 감정과 마음의 상처가 어떻게 없을 수 있었겠는가. '서로 사랑하면서도 다른 사람과 사랑에 빠지는 일'은 자연스러울지 몰라도, 그것을 서로에게 '인정하는 것'은 결코 자연스럽게 이루어지는 일이 아니다. 이들은 뭔가를 '감당'했고 '노력'했다. 때때로 제 발에 걸려 넘어지기도 하면서 말이다. 이들의 '계약 조건'은 질투를 감당할 준비가 되어 있는가라고 묻는다.

이들은 사랑의 '소유욕'에 저항하며, 상대방의 자유를 존중하고 지켜주고자 하였다. 자신의 자유를 존중하고 지키면서 말이다. 이들은 '자유'로운 존재로서 '사랑'하며 살고자 하였다. 인간은 돌멩이처럼 주어진 대로 그냥 살아가지 않고 자유를 통해 스스로의 삶과 관계를 선택하고 만들어갈 수 있는 존재라는 것, 이들은 실존주의자답게 '관계의 가능성'을 만들어가고자 했던 것이다. 서로에게 연인이자 동료였던 이들은 "우정 속에서 에로틱한 드라마"를 함께 써내려간 삶의 동반자였다.

세번째 경우는 초현실주의 프랑스 시인 폴 엘뤼아르와 독일 화

---

3) 보부아르와 사르트르가 합의한 계약 내용은 이렇다. 첫째, 서로 사랑하며, 다른 사람과 사랑에 빠지는 것을 허용한다. 둘째, 거짓말을 하지 않으며, 비밀을 가지지 않는다. 셋째, 경제적으로 독립적인 생활을 한다.

가 막스 에른스트 그리고 한 명의 여자 갈라.[4] 이들의 '기묘한 삼각관계'는 초현실주의가 이론적 도구로 삼았던 정신분석학이 거꾸로 해석적 도구로 삼고 싶어할 만한 흥미로운 사례이기도 하다. 폴에게 갈라는 "자신의 반쪽이자 삶의 전부인 아내"이고, 새로 만난 막스는 "가장 좋은 친구 이상의 존재"였다. 폴 엘뤼아르가 막스 에른스트에게 느낀 감정은 우정, 형제애, 그리고 동성애적인 애정이 섞여 있는 것이었다. 그리고 막스는 가장 좋아하는 친구의 아내에게 미친 듯이 끌리게 되었고, 막스와 갈라 사이는 뜨거워지기 시작했다. 갈라는 폴을 사랑하면서 동시에 막스를 사랑하는, 자신의 이중적 사랑을 견디기 힘들어했지만, "폴은 그녀에게 막스를 찬미했고, 막스는 폴에 대해 좋은 말만 했다". 폴 엘뤼아르는 관대함을 과시하는 것 같았고, 막스 에른스트는 새로운 행복을 거리낌 없이 누렸다. 그렇게 세 사람은 같은 지붕 아래서 동거 생활에 돌입하게 되었다. 그러나 점차 폴 엘뤼아르는 불행한 사내의 얼굴을 하고 술집에 앉아 있는 모습으로 주변 친구들에게 목격된다. 막스와 갈라 사이에서 점점 소외감을 느끼기 시작하면서 그는 여전히 갈라를 사랑하고 막스를 좋아하지만, 세 사람이 함께 있는 시간이 더이상 즐겁지 않았던 것이다. 어느 날 갑자기 폴 엘뤼아르가 '증발'해버

---

4) 갈라는 위대한 세 명의 초현실주의 예술가들, 폴 엘뤼아르와 막스 에른스트와 살바도르 달리에게 특별한 영감의 원천이 되었던 여인이었다. 도미니크 보나의 『세 예술가의 연인』을 통해 엘뤼아르, 에른스트, 갈라의 "기묘한 삼각관계"를 살펴보기로 한다.

림으로써 이들의 한 시절은 종지부를 찍는다.

폴과 막스와 갈라의 거실에서라면, 박현욱의 소설 『아내가 결혼했다』에서 주인공 남자를 멘붕에 빠뜨리는 아내의 폴리가미(poligamy, 복혼複婚) 선언이 그렇게 비현실적으로 받아들여지진 않을 것도 같다. 아들이 아빠에게 물었다고 한다. "『아내가 결혼했다』가 무슨 뜻이에요?" 당황한 아버님이 대답했다. "그건 '아, 내가 결혼했다'라는 거야." '아버지 가방에 들어가신다'의 새로운 버전. 언젠가 술자리에서 들은 썰렁한 농담이었는데, 이 농담의 교훈은 '아들과 아버지'의 세계의 지평선은 일부일처제라는 것이 아닐까.

일부일처의 결혼 제도 안에서 삼각관계의 어느 축은 이른바 '불륜'으로 낙인찍힌다. 자본주의적인 용어로 하자면 '사적 소유권' 침해에 해당하는 것이다. 결혼은 배타적 소유권을 법적으로 공증하는 것이다. 사랑과 소유는 혼동되고, 나아가 사랑은 소유로 대체된다. 이러한 결혼 제도 안으로 삼각관계가 들어와 사랑을 주장할 때, 그리고 그 사랑의 정당성이 감정적으로만이 아니라 논리적으로도 설득될 때 결혼 제도는 그 기저에서 흔들린다. 소설 『아내가 결혼했다』는 바로 그 지점을 파고든다.

박현욱 소설의 주인공 남성이 폴리아모리(polyamory, 비독점적非獨占的 다자연애多者戀愛)적 형태의 삶을 제안하는 아내의 계획에 어쩔 수 없이 동의하게 되는 가장 큰 이유는 영화 〈글루미 선데이〉의 대사, "당신을 완전히 가질 수 없다면 반쪽이라도 갖겠어"에 서글프게 담겨 있다.[5] 어쨌든 극히 평범했던 대한민국의 한 남성이 '거대한 타자'로 다가온 한 여성을 사랑하게 되면서, 그녀와 함께 있기 위하여 자신의 상식과 통념을 찢고 자신이 속한 사회의 제도를 넘어서 "어디 한번 가는 데까지 가보자"고 말하고 있다. 누군가는 그래서 사랑은 위험한 거라고 경계할 테지만, 사랑이 아니라면 그 무엇이 우리의 정형화된 삶을 불투명한 미지의 모험 속으로 데려가겠는가.

---

5) 아내가 (나만 괜찮다면) 나와의 결혼 생활을 유지한 채로 다른 남자와 결혼하고 싶다는 뜻을 밝힌 후, 내가 괴로움 속에서 뒤적여본 세 편의 영화, 〈리스본행 노란색 시트로엥〉(마우리치오 시아라, 2001), 〈글루미 선데이〉(롤프 슈벨, 1999), 〈줄 앤 짐〉(프랑소와 트뤼포, 1961)은 모두 "두 남자와 한 여자의 이야기"다.

다리가 알려준 것, 두번째

> 머리와 발을 꺼내면 고독이 시작된다
> —이원, 「인간의 기분, 빗금의 자세」

어느 날 인어공주는 팬티를 갈아입으면서 이제 왕자의 성을 떠날 때가 되었다고 생각한다. 왜 그런 타이밍에서 그런 생각에 사로잡혔을까. "숲속에서 우뚝 솟아난 성은 그 안에 갇힌 채 성 자체를 잊어버리는 사람보다, 계곡 아래에서 그것을 올려다보는 사람에게 더욱 아름답다."(페르난두 페소아, 『불안의 책』) 인어공주는 아무도 자신을 가두지 않았지만 어쩐지 자신의 두 발로 걸어와서 자발적으로 갇혀버린 것 같았다.

그녀가 사랑했던 것은 먼발치에서 보았던 왕자의 실루엣이었을지도 모른다. 그녀는 그 실루엣 안에 들어 있는 남자라면 보지도 않고 누구라도 사랑할 준비가 되어 있었을 것이다. 어떤 무모함이 그녀를 더욱 현기증 나게 만들었을 것이다.

나는 당신을 모르는 채로도 당신을 사랑할 수 있다. 그리고 당신을 알게 되면서 당신을 사랑하지 않게 될 수도 있다. 나는 당신의 마음도 잘 모르지만, 내 마음의 운명도 미처 알지 못한 채 마음의 파도에 휩쓸려가고 있었다.

이즈음 인어 아가씨는 왕자를 보면서 이렇게 생각하게 되었다. '내가 사랑해야만 하는 사람이 저기 있구나.' 그녀는 자기 안에서 뭔가가 질적으로 변했음을 느꼈다.[1] 너무 많은 것을 걸었던 사랑이었기 때문에 이 사랑은 그녀에게 더없이 무거웠고, 그녀는 자신의 변화에 덜컥 겁이 났다. 그래서 그녀는 다시 사랑스러운 눈으로 그를 바라보고자했다. 한줄기 바람이 그녀의 가슴을 횡, 하니 뚫고 지나갔다. 마음이 빈집 같고, 폐허 같았다.

"어떻게 사랑이 변하니?" 숱한 패러디를 낳기도 했던 이 유명한 대사는 영화 〈봄날은 간다〉에서 상우(유지태 분)가 은수(이영애 분)에게 던진 말이다. 이 평범한 대사가 사람들의 마음에 그토록 강하게 남았던 이유는 무엇일까. "어떻게 사랑이 변하니?", 누구나 언젠가 한때는 간절했던 말이었을 것이다. 그것은 첫 경험이다. 그리고…… 한 시절이 봄날이 가듯 흐른 후에는, 당신의 사랑이 변했

---

[1] 혹자들이 '과학'을 들먹이면서 얘기하듯, 가슴이 두근거리는 그런 사랑의 유효기한은 30개월 미만이라는 말이 인어공주의 변화를 어느 정도 보충해줄 수 있을지도 모르겠다. 사랑에 빠진 사람의 몸에서 만들어지는 도파민, 아드레날린, 페닐에틸아민, 옥시토신 등이 더이상 인어공주의 몸과 정신을 격렬하게 휘젓지 않게 되었으니까 말이다.

든 내 사랑이 변했든 간에 이제 더이상 그렇게 묻고 따지는 일은 없게 돼버렸을 것이다. 그래서 잠시 아련하고 쓸쓸했을 것이다. 어른의 사랑은 사랑에 대해 그렇게 심문할 수 없다는 것을 아는 사랑이다.

간과하기 쉽지만, 격정적인 사랑의 문학적인 기념비가 된 인물들인 로미오와 베르테르는 각각 줄리엣과 로테를 만나 그 문제적인 사랑에 빠지기 바로 직전까지도 다른 사랑 때문에 괴로워했던 자였다. 다시 말하면, 이들은 변심한 자들이었다. 줄리엣에 대한 로미오의 사랑, 로테에 대한 베르테르의 사랑은, 지나간 사랑을 잊고, 아니 사랑이 지나가는 것조차 완전히 망각하고 격렬한 사랑의 현재 속에서 스스로를 불태워버렸다. 그들은 사랑의 뜨거움 속에서 죽음의 불꽃이 되었다. 그들의 영원한 사랑의 신화를 보존하고 있는 것은 '죽음', 더이상 어떤 새로운 사랑도 할 수 없는 '죽은 몸'이다.

우리 인어 아가씨는 지상으로 걸어나온 자신의 두 발을 새삼스럽게 내려다보았다. 갑자기 낯설게 느껴졌다. 다리가 생기고 처음으로 자신의 신체 끝에서 인간의 기묘한 발을 발견했던 그때처럼 말이다. 이 두 발의 의미를 오래오래 생각했다. 이날 밤 그녀는 일기장에 이런 문장을 베껴 썼다. 두 번, 세 번 같은 문장을 꾹꾹 눌러서 썼다.

꿈의 뿌리는 몸에 있고 몸의 뿌리는 꿈에 있다는 사실을 다리가

말한 다음날부터 먼 곳이 보이기 시작했다 어디든 갈 수 있다는 사실이 나다

—이원, 「실크로드」 중에서

미완성 교향악이 흐르는

> 나는 내가 다른 곳에 있다고 생각해
> 나는 내가 다른 곳에서 흘러왔다고 생각해
> ―김행숙, 「어떤 시詩」

다시 한번, "기분이 좋아서 나는 너한테 오늘도 지고, 내일도 져야지"(「새의 위치」). 사랑이 아니라면 그 무엇이 나로 하여금 기꺼이 '자의식'을 버리고 '당신'이라는 이해할 수 없는 '타자'를 맞이하러 나아가게 하겠는가. 나는 자아 안에 갇혀 있지 않다. 자아의 해체, 자아의 실종과 더불어 '타자의 도래'를 이토록 간절하게 꿈꾸다니, 이것은 분명히 사랑의 놀라운 능력이자 기적이다. 나는 기쁘게 아프겠다. 나는 아프게 기쁘겠다.

내가 사라지는 곳으로부터 나는 더 멀리에서 나타난다. 나로부터 가장 먼 곳에서 나는 가장 숨이 가쁘다. 나를 텅 비웠을 때 나는 공기처럼 어디에나 충만하다. 나는 너에게 이렇게 말하고 싶어진다.

뒷문으로 나가볼래?
나랑 함께 없어져볼래?

음악처럼

―「미완성 교향악」중에서

'당신이라는 타자'를 사랑하는 동안, 나는 익숙한 지평선을 찢고 낯선 세계로 발걸음을 옮기는 여행자의 신발을 신는다. 언제나 나는 돌아오지 못하는 여행을 꿈꾸었으나 이번에도 나는 돌아오고 말았다. 돌아왔지만, 나는 다른 곳에 뭔가를 두고 온 것 같았다. 나는 내가 다른 곳에서 흘러온 이방인 같았다. 이 세상이 이 세상 같지가 않다고, 나는 힘없이 중얼거렸다.

우리는 사랑을 하면서 세계를 재편했다. 중요한 것과 사소한 것이 바뀌었고, 좋아하는 음악이 바뀌었고, 읽는 책이 달라졌고, 만나는 사람들이 달라졌고, 취미를 맞바꾸었고, 특별한 장소들이 생겨나기 시작했다. 그리고…… 사랑을 잃고 그 폐허에서, 또다른 방식으로 삶을 재편하고 세계에 대한 태도를 변경하게 되는 시험대에, 그 황량하고 위험한 시험대에 오르게 된다. "떠나가는 사랑은 철학적으로 대단히 풍부한 시련이어서 이발사까지도 소크라테스의 제자로 만든다."(에밀 시오랑,『독설의 팡세』)

미묘하게, 어쩌면 격렬하게 나를 둘러싼 세계가 지진을 일으키고 천천히 재구성되기 시작했을 것이다. 이미 시작되었을 것이다.

"사랑을 잃고 나는 쓰네"(기형도,「빈집」).

너 빼고 모든 것이 있는 곳

> 하지만 네가 없는 토요일은 너무 거대해서
> 너를 빼고는 무엇이든 넣을 수 있다.
> ─이장욱, 「다섯시에서 일곱시까지의 클레오」

 이 세상이 이 세상 같지가 않네. 그렇게 중얼거리게 되는 날이었다. 그런 토요일은 너무 거대해서 너를 빼면 모든 것이 다 있는 것 같았다. 너만 빼면 모든 것이 있는 곳에서 나는 모든 것을 헛것처럼 느낀다. 내게 모든 것은 하등 중요하지가 않다. 내게는 모든 것 속에 '없는 너'만이 문제적이다. 어떻게 보면 나는 이 세상으로부터 초연해 보인다. 나는 이 세상의 상징계가, 현실 원칙이, 인정 투쟁이, 노력이, 균형이 모두 부질없게만 느껴진다. 아아, 이러다가 나는 초월해버릴 것 같다. 그러나 나에게 '밖'은 없다. '너'가 없기 때문이다.

 그런 토요일이 있었을 것이다. 그런 일요일을 지나, 그런 월요일이 있었을 것이다. 그런 월요일에는 차라리 "동사무소에 가자".

동사무소에 가자
왼발을 들고 정지한 고양이처럼
외로울 때는
동사무소에 가자
서류들은 언제나 낙천적이고
어제 죽은 사람들이 아직
떠나지 못한 곳

동사무소에서 우리는 전생이 궁금해지고
동사무소에서 우리는 공중부양에 관심이 생기고
그러다 죽은 생선처럼 침울해져서
짧은 질문을 던지지
동사무소란
무엇인가

동사무소는 그 질문이 없는 곳
ㄱ 밖에 모든 것이 있는 곳
우리의 일생이 있는 곳
그러므로 언제나 정시에 문을 닫는
동사무소에 가자

―이장욱, 「동사무소에 가자」 중에서

이상하네. "외로울 때는/ 동사무소에 가자"고 말하는 사람이 있구나. "두부처럼 조용한 오후의 공터라든가/ 그 공터에서 혼자 노는 바람의 방향을/ 자꾸 생각하게 될 때" "어제의 경험을 신뢰할 수 없거나/ 혼자 잠들고 싶지 않을 때" "우리는 동사무소에 가자". 이 세상이 이 세상 같지가 않을 때, 이 세상에 네가 없는 것이 믿기지 않을 때, 그래, 동사무소에 가자. "동사무소는 간결"하고, "시작과 끝이 명료"하고, "언제나 정시에 문을 닫는" 곳. "우리의 일생이 있는 곳".

'내 영혼이 동사무소의 영혼을 닮을 수 있다면, 사랑의 이별도 낙천적인 서류들처럼 간결하고 명료하게 정리될 수 있을 텐데. 내 사랑의 시간이 정시에 문을 열고 정시에 문을 닫을 수 있다면……내 사랑이 문을 닫았을 때 어둠 속에 혼자 남게 되는 사람이 아무도 없다면……' 오늘 나는 동사무소 한구석 소파에 멍하니 앉아서 그런 상상을 해보는 것이다.

그러다가 내가 누군지 묻는 기분으로 주민등록등본을 떼보았던 것이다. 거기에 적힌 근친들의 이름을 발음해보고, 내가 살면서 거쳤던 주소들을 웅얼거려보는데, 그 모든 친숙한 것들을 머릿속에 주입해보는데, 오늘은 아무래도 이상하지, 가까운 것들이 가깝게 느껴지지를 않네. 보이는 모든 것들이 0.3센티쯤 들뜬 포장지 같고, 달달한 자판기 커피를 마셔도 단맛의 89퍼센트는 이미 날아간 것 같고……

나는 왜 여기서 이러고 있나. 대체 "동사무소란 무엇인가".

그러나 이렇게 묻게 되면 동사무소와 동사무소의 모든 것이 어쩐지 헛것처럼 느껴진다. 위험한 질문이다. 그 모든 것을 그림자

(시뮬라크르)로 느끼면, 우리의 일생과 일상에 스며들어가 있는 시뮬라크르적인 속성이 문득 지각되기 시작한다. 그러므로 동사무소는 '동사무소란 무엇인가'라는 질문을 은폐할 때에만 일상 속에서 자연스럽게 작동되는 어떤 장치다.[1] 시인은 이렇게 쓰고 있다. "동사무소란/ 무엇인가// 동사무소는 그 질문이 없는 곳/ 그 밖의 모든 것이 있는 곳".

'너만 빼면 모든 것이 다 있는 곳', 이곳의 일상성을 흔들고 와해시키는 것은 다름아닌, 이곳엔 없는 '너'다. 너만 빼면 되는데, 나에게 리얼한 것은 너뿐이고 나머지 모든 것은 그림자 같다. 그러므로 너만 빼면 모든 것이 다 있는 곳에서 '모든 것'은 너의 부재를 요란하게 환기시키는 법석들이거나 쓸쓸하게 깨닫게 하는 네가 없는 너의 배경에 불과하다. 지금 내게 너는 위험한 질문이다. 동사무소에서 '동사무소란 무엇인가'라는 질문을 해선 안 되듯이, 나에게 너는 만지면 만질수록 덧나는 상처다. 아아, 나는 동사무소에 가지 말았어야 했나보다. 아아, 오늘 나는 어디를 가도 너 때문에 헛디디고 어긋나고 흐릿하고 도통 중심을 잡을 수가 없다.

김연수의 단편 「케이케이의 이름을 불러봤어」를 읽었다. "지금

---

1) 이와 관련하여 지젝의 이런 문장을 적어둘 수 있을 것 같다. 이데올로기적인 것은 "그 참여자들의 일정한 무지를 통해서만 그 존재론적 일관성이 보장되는 종류의 현실이다. 만일 우리가 사회적 현실이 진짜로 어떻게 작동하는지에 대해 '너무 많이 알게 된다면' 그 현실은 와해되어버릴 것"이다.(『이데올로기라는 숭고한 대상』)

나를 형성하고 있는 세포들은 사랑이 뭔지 모른다. 케이케이를 사랑하던 세포들은 이제 내 몸 안에 없다. 그런 생각을 하면 나는 오랫동안 두 눈을 감지 못한다. 눈물이 흘러내릴까봐./ 일곱 살이었던 케이케이의 그 젖은 몸은 어디로 갔을까? 먼 훗날 케이케이의 그 몸에 매달려 사랑할 때의 내 세포들은 또 어디로 갔을까?"

언제가 당신도 나처럼 그런 것이 몹시 궁금했던 때가 있었을 것이다. 소설가가 찾아낸 것은 '암흑물질'이라고 불리는 우주의 90퍼센트. "이 우주에 존재하는 모든 별의 무게를 합한다고 해도 전체 우주의 질량에는 10퍼센트에도 미치지 못한다"는데, 그렇다면 90퍼센트 이상은 관측되지 않는 것, 보이지 않는 것이라는 게 된다. 보이지 않는 것이 없는 것이 아니라는 것, 사라진 것이 존재하지 않는 것이 아니라는 것, 지나간 사랑이 무無로 돌아간 것이 아니라는 것, 우주의 90퍼센트가 그런 것들로 이루어져 있다고 말하고 있는 것이다.

90퍼센트의 우주는 보이는 것 빼고 모든 것이 있는 곳이다. 그곳에 내가 사랑했던 네가 있고, 우리들의 잃어버린 시간이 있고, 나의 인어 할머니가 있고, 젊은 날의 인어 아가씨가 있다고, 오늘은 그런 마음으로 밤하늘을 올려다보기로 한다.

'절대 암흑'을 경험한 적이 있다. 어느 해 여름, 동굴 가이드를 따라 강원도 평창군 미탄면 마하리 백룡동굴의 내장 속으로 기어 들어가서 만났던 '어둠'이 바로 그런 것이었다. 지상으로 연결된 탯줄 같은, 지상에서 마음을 잃고 길을 잃은 검은 뱀 같은, 그렇게 길고 구불구불한 길이 끝나는 곳에서, 십여 명의 사람들에게서 가

느다랗게 흘러나오고 있던 헤드랜턴의 불빛을 일제히 끄는 소등식消燈式이 있었다. 동굴 가이드가 사람들에게 눈을 감아보라고 했고, 어둠에 젖어보라고 했고, 눈앞에 대고 손을 흔들어보라고 했다. 눈을 감았을 때의 어둠과 눈을 떴을 때의 어둠이 똑같았다. 나는 시력을 잃어버린 것 같았다. 눈 자체를 잃어버린 것 같았다. 분명히 눈앞에서 손을 흔들었는데, 손이 보이지 않았고 손을 흔들고 있다는 감각 자체마저 없었다. 손이 사라졌고 다리가 사라졌고 몸뚱이가 통째로 어둠 속에서 멀어져갔다.

그러나 나는 거기에 있었다. 나는 나에게도 보이지 않았고 물질적으로 느껴지지도 않았지만 분명히 그 어둠에 참여하고 있었다.

밤하늘을 올려다보면, 우리가 잃어버린 것들에게 말을 건넬 수 있을 것 같다. 낮에는 세상이 너무 훤해서 보이는 것이 전부인 것처럼 생각된다. 그러나 밤의 어둠은 보이지 않는 것들이 있다는 것을 겸허하고 충만하게 받아들이게 한다. 밤에 나는 더 작은 존재이다. 그래서 더 큰 존재에 포함되는 존재다. 밤에 나는 상상의 나래를 펴고, 생각, 생각을 하고, 사랑을 하고, 그리고 글을 쓴다.

공기와 에로스

"다녀오겠습니다." 공주는 이렇게 말하고 수면으로 올라가는 공기 방울처럼 빠르고 밝게 헤엄쳐나갔다.

―안데르센, 「인어공주」

"다녀오겠습니다." 열다섯 살 생일을 맞아 인간 세상을 구경할 자격을 얻게 된 인어공주의 첫 외출. 다른 세계로의 도약, 다른 세계와의 접촉을 내용으로 하는 이 외출은 인어 가문의 성인식 같은 것이었다. 안데르센은 기쁨에 들뜬 인어공주의 가벼운 몸을 '공기 방울'에 비유했다. 공기 방울처럼 가볍고 환한 인어공주의 몸은 다른 세계에서 오는 연인을 마중 나가는 사랑의 육체로서 수면을 향해 헤엄쳐 올라가고 있었다. 그녀는 예전의 그녀로 돌아오지 않을 것이다.

하늘을 나는 새보다도 더 가볍게 공기 방울은 비상한다.

에로스는 날개를 가진 신이다. 『공기와 꿈』에서 바슐라르는 이렇게 말한다. "날아다닐 때 관능은 아름답다. 공중을 나는 꿈은 유혹적인 유혹자의 꿈이다." 바슐라르는 자신의 책에다 '공기'의 테마 위에 포개지는 사랑과 사랑의 이미지들을 펼쳐놓았다.

인어공주의 첫 외출을 공기방울 이미지로 그렸던 안데르센은 이 이야기의 끝에서 인어공주를 공기 방울로 '변신하게' 했다. 인어공주가 공기 방울이 '되는' 것이다. 그리하여 보이지 않는 인어 아가씨는 바람처럼 멀리에서 불어오며 숨결처럼 가까이에서 빠져나가는 존재가 되었다.

이 세상은 인어 아가씨로 가득하게 되었다.

공기 방울 인어 아가씨가 우리에게 알려주는 것은 다음과 같은 것이다. 당신과 나 사이가 허공이 아니라는 것. 내게로 걸어오는 당신을 더이상 보여주지 않는 저 허전한 골목길이 텅 빈 것이 아니라는 것. "구름과 구름 사이, 산과 산 사이를 채우고 있는 대기는 분리의 심연이 아니라 오히려 서로를 연결해주는 전도체이며, 나지막이 변화되는 이행"이라는 것(라이너 마리아 릴케,『릴케의 로댕』).

인간에게 공기는 태어날 때부터 존재 조건으로 주어진, 너무나 당연한 것이라서 감지되지 않는 것, 무$_無$와 같은 것으로 여겨진다. 그러나 기억 못하겠지만 엄마 뱃속에서 세상으로 처음 나온 우리에게 공기는 난폭할 정도로 이질적인 것이었다. 히말라야 등반 중에 찾아오는 무서운 고산병도 언제나 공기를 숨쉬며 살아가야만 하는 인간이기에 겪는 일이다. 물속에서 인간이 물을 폭력적으로 느끼듯이, 지상에서 물고기에게 공기는 죽음의 고통으로 거칠게 느껴지는 그 무엇일 것이다. 공기는 그렇게 '있다'.

공기는 존재하고 연결하고 흘러다닌다. 우리는 그런 공기를 들이마시고 내쉬면서 산다. 우리는 숨을 섞으며 산다. 내 숨을 당신이 쉬고, 당신이 내쉰 숨을 내가 들이마신다. 이 세계는 에로틱하다.

우리는 이 세계에 가득한 에로스에 참여하면서 새롭게 에로스를 탄생시키면서 살아간다. 그것이 살아 있는 것들의 진정한 숨소리일 것이다.

어떤 시詩 2

네가 나를 찾아서 돌아다니는 장소들이 궁금해.
너는 어디에 있는 나를 기억할까.
너의 상상력은 나를 어디까지, 어디까지 데려갈 수 있을까.
나를 상상하는 너를 상상하면 나는 네 주위를 하염없이 맴돌 수 있을까. 너를 상상하는 나를 상상하면 너는 내 품으로 걸어들어올 수 있을까.
너는 나를 물끄러미 들여다본 적이 있었다, 한참을. 그리고 모르는 사람이라고 중얼거렸지.
미안합니다. 너는 사람을 잘못 봤다고 몹시 부끄러워했어.
내가 사람 모양을 하고 있구나, 그때 나는 생각했지.
너는 왜 부끄러울까.
그때 너는 다른 시간 속으로 후다닥 뛰어갔다.
그때 나는 너의 등뒤에서 비처럼 쏟아졌다.

내가 비 모양을 하고 있구나. 그런데 내 모습이 그렇게 변할 걸 사람들은 어떻게 알았을까.

기다렸다는 듯이 사람들의 머리 위로 검은 우산이 둥실둥실 떠다니기 시작했어.

사람들은 거의 젖지 않았어.

그리고 너는 그날 빗속에서 나를 찾으러 어딜 그렇게 그렇게 쏘다녔을까.

'사랑의 도서관'에서 빌려온 책들

*

가스통 바슐라르, 『공기와 꿈』, 정영란 옮김, 이학사, 2001.
가브리엘 가르시아 마르케스, 『내 슬픈 창녀들의 추억』, 송병선 옮김, 민음사, 2005.
_____, 『사랑과 다른 악마들』, 우석균 옮김, 민음사, 2008.
강유위, 『대동서』, 이성애 옮김, 을유문화사, 2006.
귀스타브 플로베르, 『마담 보바리』, 김화영 옮김, 민음사, 2000.
그림형제, 『그림형제 동화전집』, 김열규 옮김, 현대지성사, 1999.
니꼴라이 체르니셰프스키, 『무엇을 할 것인가』 상·하, 서정록 옮김, 열린책들, 2009.
니콜 크라우스, 『사랑의 역사』, 한은경 옮김, 민음사, 2006.
니클라스 루만, 『열정으로서의 사랑』, 권기돈·정성훈·조형준 옮김, 새물결, 2009.
닐 슈빈, 『내 안의 물고기』, 김명남 옮김, 김영사, 2009.
다이앤 애커먼, 『감각의 박물학』, 백영미 옮김, 작가정신, 2004.
데이비드 리코, 『나는 왜 이 사랑을 하는가』, 윤미연 옮김, 위고, 2014.

도미니크 보나, 『세 예술가의 연인』, 김남주 옮김, 한길아트, 2000.
라이너 마리아 릴케, 『소유하지 않는 사랑』, 김재혁 편역, 고려대학교출판부, 2003.
_____, 『릴케의 로댕』, 안상원 옮김, 미술문화, 1998.
레이먼드 카버, 『대성당』, 김연수 옮김, 문학동네, 2007.
_____, 『사랑을 말할 때 우리가 이야기하는 것』, 정영문 옮김, 문학동네, 2005.
레프 톨스토이, 『안나 카레니나』 1·2, 연진희 옮김, 민음사, 2009.
롤랑 바르트, 『사랑의 단상』, 김희영 옮김, 문학과지성사, 1991.
롤프 데겐, 『오르가슴』, 최상안 옮김, 한길사, 2007.
루이 알튀세르, 『미래는 오래 지속된다』, 권은미 옮김, 이매진, 2008.
린 헌트, 『인권의 발명』, 전진성 옮김, 돌베개, 2009.
모리스 블랑쇼·장 뤽 낭시, 『밝힐 수 없는 공동체 마주한 공동체』, 박준상 옮김, 문학과지성사, 2005.
모리스 블랑쇼, 『문학의 공간』, 박혜경 옮김, 책세상, 1998.
무라카미 하루키, 『여자 없는 남자들』, 양윤옥 옮김, 문학동네, 2014.
미셸 러브릭, 『사랑은 예술이다』, 진수미 옮김, 새움, 1998.
밀란 쿤데라, 『소설의 기술』, 권오룡 옮김, 민음사, 2008.
_____, 『생은 다른 곳에』, 이재룡·안정효 옮김, 까치, 1988.
_____, 『참을 수 없는 존재의 가벼움』, 이재룡 옮김, 민음사, 1990.
비틀즈, 『비틀즈 시집』, 강서일 옮김, 더불어책, 2004.
샤오루 궈, 『연인들을 위한 외국어 사전』, 변용란 옮김, 민음사, 2009.
수전 손택·조너선 콧, 『수전 손택의 말』, 김선형 옮김, 마음산책, 2015.
슈테판 볼만, 『생각하는 여자는 위험하다』, 김세나 옮김, 이봄, 2014.
슬라보예 지젝 외, 『성관계는 없다』, 김영찬 외 편역, 비(도서출판b), 2005.
슬라보예 지젝, 『폭력이란 무엇인가』, 김희진·이현우·정일권 옮김, 난장이, 2011.
아틸라 요제프, 『아틸라 요제트 시선: 일곱 번째 사람』, 공진호 옮김, 아티초크,

2014.

안토니오 스카르메타, 『네루다의 우편배달부』, 우석균 옮김, 민음사, 2004.
알랭 드 보통, 『우리는 사랑일까』, 공경희 옮김, 은행나무, 2005.
_____, 『왜 나는 너를 사랑하는가』, 정영목 옮김, 청미래, 2007.
_____, 『너를 사랑한다는 건』, 정영목 옮김, 은행나무, 2011.
알랭 바디우, 『사랑 예찬』, 조재룡 옮김, 길, 2010.
알렉산드로 보파, 『넌 동물이야, 비스코비츠!』, 이승수 옮김, 민음사, 2010.
앨리스 먼로, 『미움, 우정, 구애, 사랑, 결혼』, 서정은 옮김, 뿔, 2007.
에밀 시오랑, 『독설의 팡세』, 김정숙 옮김, 문학동네, 2004.
에리히 프롬, 『사랑의 기술』, 황문수 옮김, 문예출판사, 1976.
앤서니 기든스, 『현대 사회의 성, 사랑, 에로티시즘』, 배은경·황정미 옮김, 새물결, 2001.
엘렌 식수, 『메두사의 웃음/출구』, 박혜영 옮김, 동문선, 2004.
엘즈비에타 에팅거, 『한나 아렌트와 마틴 하이데거』, 황은덕 옮김, 산지니, 2013.
오기 오가스·사이 가담, 『포르노 보는 남자, 로맨스 읽는 여자』, 왕수민 옮김, 웅진지식하우스, 2011.
오비디우스, 『변신 이야기』 1·2, 이윤기 옮김, 민음사, 1998.
요한 볼프강 폰 괴테, 『젊은 베르테르의 슬픔』, 김인순 옮김, 열린책들, 2008.
윌리엄 셰익스피어, 『셰익스피어 전집 4 : 비극 1』, 최종철 옮김, 민음사, 2014.
재크린 살스비, 『낭만적 사랑과 사회』, 박찬길 옮김, 민음사, 1985.
조르주 바타유, 『에로티즘』, 조한경 옮김, 민음사, 1999.
줄리아 크리스테바, 『사랑의 역사』, 김영 옮김, 민음사, 1995.
지그문트 바우만, 『리퀴드 러브』, 권태우·조형준 옮김, 새물결, 2013.
파울로 코엘료, 『오 자히르』, 최정수 옮김, 문학동네, 2005.
페르난두 페소아, 『불안의 서』, 배수아 옮김, 봄날의책, 2014.
페터 회, 『스밀라의 눈에 대한 감각』, 박현주 옮김, 마음산책, 2005.
폴 엘뤼아르, 『이곳에 살기 위하여』, 오생근 옮김, 민음사, 1974.

프란츠 카프카, 『변신 · 시골의사』, 전영애 옮김, 민음사, 1998.
프랑수아즈 지루, 『루 살로메』, 함유선 옮김, 해냄, 2006.
프레데리크 시프테, 『우리는 매일 슬픔 한 조각을 삼킨다』, 이세진 옮김, 문학동네, 2014.
프리드리히 막스 뮐러, 『독일인의 사랑』, 붉은 여우 옮김, 지식의숲, 2013.
플라톤 · 아리스토텔레스, 『향연 · 파이돈 · 니코마코스 윤리학』, 최명관 옮김, 을유문화사, 1994.
한스 크리스티안 안데르센, 『안데르센 동화집』, 이나경 옮김, 현대문학, 2011.
_____, 『안데르센 자서전』, 이경식 옮김, 휴먼앤북스, 2012.

**

구병모, 『아가미』, 자음과모음, 2011.
권보드래, 『연애의 시대』, 현실문화, 2003.
권혁웅, 『태초에 사랑이 있었다』, 문학동네, 2005.
기형도, 『입 속의 검은 잎』, 문학과지성사, 1989.
김만석 외(인문학협동조합 기획), 『내가 연애를 못 하는 건 아무리 생각해도 인문학 탓이야』, 알마, 2014.
김상봉, 『나르시스의 꿈』, 한길사, 2002.
김소연, 『눈물이라는 뼈』, 문학과지성사, 2009.
김수영, 『김수영 전집』 1 · 2, 민음사, 1981.
김연수, 『네가 누구든 얼마나 외롭든』, 문학동네, 2007.
_____, 『세계의 끝 여자친구』, 문학동네, 2009.
_____, 『소설가의 일』, 문학동네, 2014.
김중혁, 『가짜 팔로 하는 포옹』, 문학동네, 2015.
김태진, 『대동서, 유토피아를 찾아 떠나는 여행』, 북드라망, 2012.
김혜순, 『불쌍한 사랑 기계』, 문학과지성사, 1997.
박준, 『당신의 이름을 지어다가 며칠은 먹었다』, 문학동네, 2012.
박현욱, 『아내가 결혼했다』, 문학동네, 2014.

박혜경 · 이광호 편, 『쨍한 사랑 노래』, 문학과지성사, 2005.
변광배, 『사르트르와 보부아르의 계약결혼』, 살림, 2007.
서동욱, 『일상의 모험』, 민음사, 2005.
서정주, 『미당 시전집 1』, 민음사, 1994.
성동혁, 『6』, 민음사, 2014.
송승언, 『철과 오크』, 문학과지성사, 2015.
신형철, 『정확한 사랑의 실험』, 마음산책, 2014.
심보선, 『눈앞에 없는 사람』, 문학과지성사, 2011.
유하, 『나의 사랑은 나비처럼 가벼웠다』, 열림원, 1999.
이광호, 『사랑의 미래』, 문학과지성사, 2011.
이명현, 『이명현의 별 헤는 밤』, 동아시아, 2014.
이성복, 『그 여름의 끝』, 문학과지성사, 1990.
이원, 『야후!의 강물에 천 개의 달이 뜬다』, 문학과지성사, 2001.
___, 『불가능한 종이의 역사』, 문학과지성사, 2012.
이인성, 『미쳐버리고 싶은, 미쳐지지 않는』, 문학과지성사, 1995.
이장욱, 『생년월일』, 창비, 2011.
이제니, 『왜냐하면 우리는 우리를 모르고』, 문학과지성사, 2014.
정이현, 『낭만적 사랑과 사회』, 문학과지성사, 2003.
진은영, 『훔쳐가는 노래』, 창비, 2012.
진중권, 『앙겔루스 노부스』, 아웃사이더, 2003.
최승자, 『이 시대의 사랑』, 문학과지성사, 1981.
허수경, 『혼자 가는 먼 집』, 문학과지성사, 1992.
허연, 『내가 원하는 천사』, 문학과지성사, 2012.
황병승, 『육체쇼와 전집』, 문학과지성사, 2013.
___, 『트랙과 들판의 별』, 문학과지성사, 2007.
황정은, 『백의 그림자』, 민음사, 2010.

사랑하기 좋은 책
ⓒ 김행숙 2016

초판 1쇄 발행 2016년 7월 12일
초판 2쇄 발행 2022년 9월 12일

지은이 김행숙

펴낸이 김민정
편집 김필균 도한나
디자인 고은이
마케팅 정민호 이숙재 김도윤 한민아 정진아 이민경 우상욱 정유선 김수인
브랜딩 함유지 함근아 김희숙 박민재 박진희 정승민
제작 강신은 김동욱 임현식
제작처 영신사

펴낸곳 (주)난다
출판등록 2016년 8월 25일 제406-2016-000108호
주소 10881 경기도 파주시 회동길 210
전자우편 nandatoogo@gmail.com
페이스북 @nandaisart 인스타그램 @nandaisart
문의전화 031-955-8865(편집) 031-955-2696(마케팅) 031-955-8855(팩스)

ISBN 978-89-546-4171-5 03810

* 이 책의 판권은 지은이와 (주)난다에 있습니다.
* 이 책 내용의 전부 또는 일부를 재사용하려면 반드시 양측의 서면 동의를 받아야 합니다.
* 난다는 (주)문학동네의 계열사입니다.
* 잘못된 책은 구입하신 서점에서 교환해드립니다.
  기타 교환 문의: 031-955-2661, 3580